図解即戦力 豊富な図解と丁寧な解説で、知識0でもわかりやすい！

物流業界の

しくみとビジネスが
これ1冊で しっかりわかる
教科書

ロジ・ソリューション株式会社

JN248160

技術評論社

ご注意：ご購入・ご利用の前に必ずお読みください

■ 免責

本書に記載された内容は、情報の提供のみを目的としています。したがって、本書を用いた運用は、必ずお客様自身の責任と判断によって行ってください。これらの情報の運用の結果について、技術評論社および著者または監修者は、いかなる責任も負いません。

また、本書に記載された情報は、特に断りのない限り、2021年1月12日現在での情報を元にしています。情報は予告なく変更される場合があります。

以上の注意事項をご承諾いただいた上で、本書をご利用願います。これらの注意事項をお読み頂かずにお問い合わせ頂いても、技術評論社および著者または監修者は対処しかねます。あらかじめご承知おきください。

■ 商標、登録商標について

本書中に記載されている会社名、団体名、製品名、サービス名などは、それぞれの会社・団体の商標、登録商標、商品名です。なお、本文中に™マーク、®マークは明記しておりません。

はじめに

　日頃、一般の人たちは物流というものをあまり意識していません。しかし、災害時などには、物流が途切れると途端に生活が成り立たなくなるため、普段のように物が届くことが当たり前ではなかったことに気づきます。

　生活に必要な物を、必要とされる所に、安全に効率よく移動させることで私たちの社会は成り立っています。そして、必要とされる所にあることで、その物の価値は上がります。物流会社の仕事は、私たちが生活する上で不可欠な社会インフラを支えることであるとともに、物の価値を高める仕事であるともいえます。

　インターネットで私たちは、ほしいものを画面から選び、ボタン一つで購入することができます。アマゾンに代表されるインターネット通信販売は、毎年、飛躍的な成長を遂げています。

　消費者の発注情報は、通信ネットワークを介し、瞬時に出荷／流通加工／包装／輸送の各機能へ伝達され、翌日（早ければ当日）には自宅に届いてしまいます。しかし、当然のことですが、画面上の操作だけで物が配送されてくるものではなく、バックヤードでは、出荷作業や加工／包装／積降ろし／輸送などの人手を介した、膨大な物理的な作業が発生しています。

　近年、物流センターの作業は、機械化・省力化が進んできていますが、とはいえ、本質的には一昔前から大きな変化はありません。しかし、あと10年もしないうちに、これらバックヤード業務は激変していきます。ビックデータ、IoT、AI、ロボティクス、5G通信などによる業務改革が進み、リモートワークが進んだ現場事務所からは人が消え、労働集約型であった倉庫内は装置化され、一部地域ではドローンによる空からの配送が当たり前になっているでしょう。

　物流業界は今後、大きく変貌していきます。そのため、これから物流に携わる人は、現状のしくみやシステムを壊し、現状の延長線上にない、新しいものを創っていかなければなりません。物流改革をリードしていくにあたり、少しでも本書をご活用頂ければ望外の喜びです。

ロジ・ソリューション株式会社

代表取締役　　藤田　浩二

CONTENTS

はじめに …………………………………………………………………………… 3

Chapter 1

物流のきほん

01 物流とは
空間と時間のギャップを埋めてモノを到達させる活動が「物流」 …… 12

02 商流と物流の違い
流通には「商流」と「物流」がある ………………………………………… 14

03 物流業界の市場規模
物流業界の市場と今後の動向 ……………………………………………… 16

04 営業物流と自家物流
自家物流から営業物流へ トラック輸送形態の転換 ………………… 18

05 物流の6つの機能
物流の基本となる6つの機能 ……………………………………………… 20

06 輸送とは
4つの機関が活躍する「輸送」……………………………………………… 22

07 保管・荷役とは
的確に商品を管理する「保管」物資を移動させる作業「荷役」……… 24

08 包装・流通加工とは
品物を外部から保護する「包装」
流通段階に欠かせない「流通加工」………………………………………… 26

09 情報システムとは
物流に必要なデータを管理する「情報システム」……………………… 28

COLUMN 1
千利休も三菱も物流事業から。物流が三菱の基礎を築いた …………… 30

Chapter 2

移り変わる物流会社の役割

01 二極化する物流事業者
運送を中心とする従来の事業者と
価値を提供する事業者との二極化 ………………………………………… 32

004

02 物流からロジスティクスへ
仕入れから出荷までの流れを適切に管理するロジスティクス ······ 34

03 経営戦略とロジスティクス戦略
会社全体に影響を与えるロジスティクス戦略 ······························ 36

04 サプライチェーンの最適化
原料から消費者までの流れを管理するサプライチェーン・
マネジメント ·· 38

05 物流ネットワークの基礎知識
物流拠点、輸送経路、輸送機関で
物流ネットワークは構成されている ··· 40

06 物流ネットワークの最適化
物流ネットワーク構築の肝となる物流拠点の設置 ····················· 42

07 高まる物流センターの役割
需要が高まる高機能＆大型の物流センター ···························· 44

08 巨大化する物流センター
通信販売の増加を背景に巨大化する物流センター ····················· 46

09 物流子会社とは
親会社の物流業務を担う物流子会社 ··· 48

10 サードパーティ・ロジスティクス（3PL）
荷主の物流部門を代行するサードパーティ・ロジスティクス（3PL）··· 50

11 元請と3PLの違い
事業者視点の元請物流事業者と荷主視点の3PL事業者 ············· 52

12 経営資源を持たない物流事業者
トラックや倉庫を持たずに事業を行う物流事業者の形態 ··········· 54

13 物流の周辺事業
外部委託により人材不足解消と収益向上を実現 ························ 56

COLUMN 2

パクス・ブリタニカも物流から。世界の覇者は物流を制す ················ 58

Chapter 3

物流担当者が知っておくべき基礎知識

01 潜在化しがちな物流コスト
一般の企業でも重要な物流コストの管理 ································· 60

005

02 販売価格と物流費の関係
物流費の圧縮により販売価格の削減が可能 …………… 62

03 物流サービスと物流コストの関係
物流事業の運営はサービスとコストで考える …………… 64

04 物流コストとは
顧客サービスを高めて配送コストを下げる経営戦略 ………… 66

05 物流コストは上流から考える
物流コストの削減につながる顧客対応の見直し ……………… 68

06 輸送で利益を生む
運送業で最もメジャーなトラック輸送 その機能と役割 …………… 70

07 トラック運送の原価構成
原価構成の約半分が人件費で待機時間の削減などの対策が必要 ‥ 72

08 物流センターの原価構成
原価構成の40%が人件費で省力化や自動化が進められている … 74

09 物流管理とは
物流管理とは物流業務全般を管理すること ………………… 76

10 KPI（重要業績評価指標）による物流コストの把握
KPIとアクションプランにより物流管理の達成度を評価 ………… 78

11 在庫管理
在庫管理のねらいは余計な在庫を持たない・
品切れを起こさないこと ……………………………… 80

12 物流コンサルティング
コンサルティング会社を活用して物流戦略や物流改善を進める ‥ 82

13 物流改善に必要なマネージャー
組織運営と提案して実行することが物流マネージャーの役割 …… 84

COLUMN 3

サプライチェーンを統合管理する
ロジスティクスの最高責任者(CLO)という役職 ……………………… 86

Chapter 4

業態別の物流のしくみ

01 製造業（自動車）の物流
必要なものをタイミングよく納入する自動車製造の物流 ………… 88

02 製造業（化学品）の物流
品物により輸送・保管方法が変わる化学品の物流 ………………… 90

03 住宅建材の物流
資材の納入先や時期が変化する住宅建材の物流 ……………… 92

04 卸売業の物流
顧客それぞれに対応する食品卸売業の物流 ································ 94

05 アパレルの物流
EC拡大により変革が進むアパレルの物流 ································ 96

06 ドラッグストアの物流
膨大な商品を効率的に扱うドラッグストアの物流 ····················· 98

07 コンビニエンスストアの物流
年中無休の運営を支えるコンビニエンスストアの物流 ············· 100

08 食品スーパーマーケット（冷凍・冷蔵）の物流
取扱商品により納品方法を分類するスーパーマーケットの物流 ·· 102

09 EC（電子商取引）の物流
消費者ニーズに応えるため自動化が求められるECの物流 ······· 104

COLUMN 4
B社物流センター作業の改善事例「幅広い切り口から改善を考える」·· 106

Chapter 5

一歩先を行く物流業界の先進企業

01 物流業界の先進企業
大手企業と旧財閥系が上位を占める
陸運と倉庫の企業ランキング ·· 108

02 日本通運（総合物流企業）
国内と海外で幅広い物流事業を営む日本通運 ························· 110

03 センコー（総合物流企業）
社会的ニーズに合った事業を展開するセンコー ······················ 112

04 日立物流（総合物流企業）
豊富な技術力で3PL事業を展開する日立物流 ························· 114

05 丸和運輸機関（中堅物流企業）
食品・医療・医薬物流を柱とする丸和運輸機関 ······················ 116

06 ヤマト運輸（宅配便企業）
日本の宅配事業のトップ企業であるヤマト運輸 ······················ 118

07 西濃運輸（特別積合せ貨物運送企業）
トップクラスの物流インフラを持つ西濃運輸 ···························· 120

08 ホームロジスティクス（物流子会社）
製造物流IT小売業を支えるホームロジスティクス ···················· 122

09 ニチレイロジグループ本社（物流子会社）
低温物流ネットワークを構築するニチレイロジグループ本社 ···· 124

007

10 ASKUL LOGIST（物流子会社）
EC専門の物流子会社 ASKUL LOGIST ································ 126

11 三菱倉庫（倉庫企業）
医薬品と食品の物流を強化する三菱倉庫 ······················· 128

COLUMN 5
配送シミュレーションは、基本的な考え方が大事 ······················· 130

Chapter 6
物流を支える最新技術

01 イノベーションの変遷
人力からITシステムへ「ロジスティクス4.0」 ····················· 132

02 物流の課題解決に必要なIT
物流情報（ビッグデータ）を活用して業務改善を図る ············· 134

03 倉庫管理システム（WMS）
物流センターの物品管理を効率化する倉庫管理システム ·········· 136

04 輸配送管理システム（TMS）
正確な配送計画の作成に役立つ輸配送管理システム ··············· 138

05 仕分け技術
自動化が進む工場や倉庫での仕分け作業 ···························· 140

06 保管技術
保管効率と作業効率の向上を実現する立体自動倉庫 ··············· 142

07 運搬技術（AVG）
自動走行で作業者に物品を運ぶ運搬機器 ···························· 144

08 先端技術①：IoT・ビッグデータ
商品管理やビッグデータ収集に活用されるIoT技術 ··············· 146

09 先端技術②：自動化・無人化
人手不足が深刻化する物流業界での
自動化・無人化を実現する取組み ··································· 148

10 先端技術③：5G（第5世代移動通信システム）
IoTやAIの活用に欠かせない次世代移動通信5G ·················· 150

11 先端技術④：隊列走行・自動運転
完全自動運転の実現を目指すトラック隊列走行 ···················· 152

12 先端技術⑤：予測分析
在庫管理などの無駄を無くす高精度の予測分析 ···················· 154

13 先端技術⑥：AI（人工知能）
最適な物流管理を行うAI技術 ······································· 156

14 AIやビッグデータによる需要予測①
販売機会の増大を図る高精度の需要予測 ……………………………………… 158

15 AIやビッグデータによる需要予測②
AI活用によるビッグデータ分析と人間の判断力の両立 …………… 160

16 事務業務と配車業務の効率化
事務作業に活用される情報システム ………………………………………… 162

17 Society5.0時代の物流
物流の効率化と高度化により装置産業化を図る ……………………… 164

18 立体工業団地（先進物流拠点）
製造と物流が一体化した立体工業団地 ………………………………… 166

19 デジタルトランスフォーメーション（DX）と物流①
業務の効率化や新サービスの開発にデータを一元管理して活用 ‥ 168

20 デジタルトランスフォーメーション（DX）と物流②
標準化した業務をシステム化して物流の自動化や省人化につなげる
…………………………………………………………………………………………… 170

COLUMN 6
最適拠点立地シミュレーション モデル間比較で方向性を導く ………… 172

Chapter 7
労働環境改善に向けた取組み

01 物流に関連する法律
物流の重要項目である「輸配送」「倉庫」「労働」「環境」の法律 ……… 174

02 貨物自動車運送事業と貨物利用運送事業
事業範囲の広い貨物運送事業の体系 ………………………………………… 176

03 規制緩和による業界の構造改革
1990年代の規制緩和による物流業界の構造改革 ………………… 178

04 規制緩和の光と陰（零細事業者の実態）
経営の厳しい貨物自動車運送事業者 ………………………………………… 180

05 物流に関連する法改正
労働環境の改善に向けた法改正と施策 ……………………………………… 182

06 荷主勧告制度とは
荷主勧告制度は労働環境改善のための制度 …………………………… 184

07 働き方改革とホワイト物流
働きやすい環境「ホワイト物流」を目指す ………………………………… 186

COLUMN 7
企業における物流の組織 経営の視点から物流をとらえる …………… 188

009

Chapter 8
物流の現状の課題と将来の展望

01 物流ニーズの変化
産業構造の変化により物流ニーズが高度化 …………………………… 190

02 日本の物流サービスは世界一
サービスは世界トップレベルだが
対価の見直しが必要な日本の物流 …………………………… 192

03 ドライバー不足と高齢化
人口構造の変化と業界の体質により深刻化するドライバー不足 ‥ 194

04 小口多頻度化と積載率の推移
宅配便の小口配送の増加とトラックへの荷積み効率の低下 ……… 196

05 生活の変化に対応する物流
生活を豊かにする通信販売の成長と配送技術の進化 …………… 198

06 現在の最先端物流
物流の遠隔操作などにより働きやすい環境を実現 ……………… 200

07 今後の物流のあり方
これまでの物流業務から脱却して発展性のあるビジネスを構築 ‥ 202

08 将来のSCM統合需給管理
複雑な課題を抱えるサプライチェーン・マネジメント ……………… 204

09 将来の物流センター
機械の判断でオペレーションを行う装置型の物流センターへ …… 206

10 共同化による資産の有効活用
生産性向上を図るための物流業務の共同化 ……………………… 208

11 持続可能性のある物流へ
社会や環境に貢献するクリーンな物流の実現 …………………… 210

12 事業継続計画の重要性
事故や災害などに対応して事業を継続するためのBCP策定 …… 212

13 強い物流へ
社会状況の変化に対応できる「強い物流」の構築 ……………… 214

14 これからの経営の考え方
将来を起点に今すべきことを考えて
環境変化や技術革新を洞察した経営 ……………………………… 216

15 物流業界に必要とされる人材
物流業界では全体最適を目指して課題解決を図れる人材が必要 218

索引 ………………………………………………………………………… 222

第1章

物流のきほん

輸送のイメージが強い物流業界ですが、実はさまざまな機能を使って商品を私たちの手元に届けています。この章では、物流の基本的な知識として、業界の役割や機能を見ていきましょう。

Chapter1

01

物流とは

空間と時間のギャップを埋めて
モノを到達させる活動が「物流」

自給自足の時代には生産者と消費者が一緒であり、物流という機能は必要ありませんでした。分業化社会の到来により、必要なときに必要な"モノ"が必要な場所にあるために、輸送と保管という機能が必要となりました。

必要なときに必要なものを届ける

　生産と消費の間には、「空間」と「時間」というギャップが存在します。「空間」とは生産地から消費地までの距離、「時間」とは生産されてから消費されるまでの時間差を指します。生産された"モノ"がすぐ消費されるとは限らないため、消費者が必要なときまで保管することも求められます。このように「空間」と「時間」の乖離をなくすことにより、付加価値をつくり出すことが物流の役割の基本です。

物流は生産と販売の中心

荷役
モノの積卸し、運搬、入出庫などの作業の総称。→P.24参照

流通加工
流通工程で商品に付加価値を付ける加工のこと。→P.26参照

　商品を保護するための包装や、効率的に入出荷するための荷役、流通加工、情報処理なども、消費者に届けるための機能です。生産者から消費者に届ける供給プロセスに加え、生産に必要な原材料の仕入れ、消費後に出る廃棄物の処理など、サプライチェーン（P.38）上には多くの物流が存在します。物流の位置づけを考えると極めて重要であることがわかります。

　ところが、企業において「生産」「販売」「物流」の機能を比較すると、「生産」「販売」のいずれかを重要視するケースが多く、「物流」がそれらを上まわることはごくわずかです。よく、「物流は縁の下の力持ちの役割を担っている」といわれます。確かに、物流は言われたことを正確にやっていればよい時代もありましたが、現代のように物流で競合他社と差別化したり、競争優位に立つために物流を再構築したりなど、物流を経営戦略と考える時代においては、「生産」と「販売」の中心に立つのが「物流」という認識が必要です。

　現在の経営環境は変化が激しく、これに対応するためには今ま

▶ 生産者と消費者の間にある空間と時間のギャップ

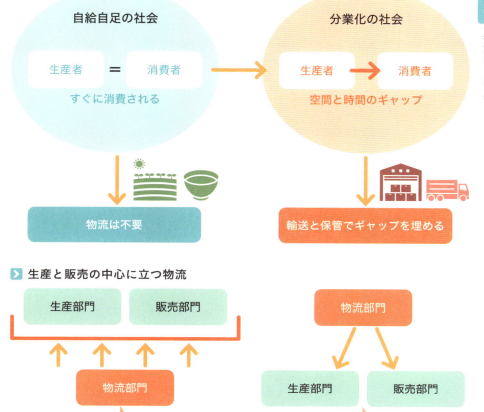

▶ 生産と販売の中心に立つ物流

での考え方の延長線上ではなく、変化に対応する柔軟性が不可欠です。企業経営にとって、物流の重要性を認識することが必要です。

Chapter1 02

商流と物流の違い

流通には「商流」と「物流」がある

商品は、さまざまな事業者を経由して消費者まで届けられます。その一連の連携をスムーズにするのが流通情報であり、物流事業者にとって欠かすことのできない重要な情報です。

流通情報がなければ"モノ"は動かない

中間事業者
中間事業者とは、生産者と消費者をつなぎ、幅広い取扱商品の中から消費者のニーズに合わせた商品を安定的に供給する卸売事業者や小売事業者のこと。

流通とは、生産者によって生産された商品が中間事業者を経由して消費者まで届けられる一連の流れであり、生産者と消費者のギャップを埋める活動です。このギャップには「空間のギャップ」「時間のギャップ」があり、これらのギャップを埋めることで流通活動が成り立ちます。

流通は、大きく分類すると「商流」と「物流」に分けられます。商流は、商品の所有権移転や金銭収受、取引情報の流れのことで、流通活動の"モノ"の流れ以外で発生します。

また、物流とは、「JIS（日本産業規格）Z0111:2006」によると、「物資を供給者から需要者へ、時間的および空間的に移動する過程の活動。一般的には、包装、輸送、保管、荷役、流通加工およびそれらに関連する情報の諸機能を総合的に管理する活動」と定義されており、商品を、必要なときに必要な場所へ必要な量だけ運ぶしくみです。

物流事業者と流通情報の関係

問屋
卸売事業者のこと。生産者から商品を仕入れ、小売事業者や消費者に対して販売を行う。

この一連の活動に携わるのが流通事業者です。狭義の流通事業者は卸売事業者（問屋）と小売事業者を指しており、広義にはこれに物流事業者（倉庫・運送事業者）を含めた総称です。商品を生産者から消費者まで届けるには、生産者（メーカー）、卸売事業者、物流事業者、小売事業者と複数の企業が関わることになります。

流通には、企業間で商品の移動や取引情報の交換などを正確かつスムーズに行うことが求められ、不正確な情報は誤出荷や納品ミスなどを引き起こす原因になります。"モノ"が動くときには

014

▶ 生産者と消費者をつなぐ流通活動

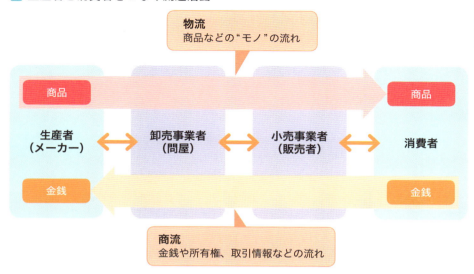

▶ 流通情報の重要性と具体例

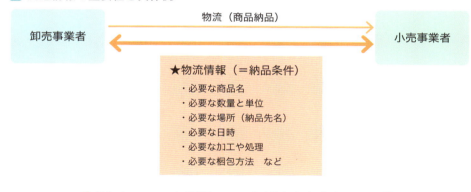

　必ず目的があり、物流はその目的を達成するために、数ある流通情報の中から物流情報を取り出し、活用する必要があります。このようなことから、物流事業者にとって流通情報は重要な情報であり、これらの流通情報を取り扱う物流事業者は流通情報企業とも呼ばれています。

Chapter1

03

物流業界の市場規模

物流業界の市場と
今後の動向

物流の主役は輸送量で見るとトラック運送事業です。しかし、トラックの
ほか、鉄道、海運、航空など陸・海・空のすべてが各々の目的に応じて使
われています。

物流の市場と事業分野

　2017年度の物流の市場規模は約24兆円です（「物流を取り巻
く動向について」2020年7月、国土交通省）。この直近5年間で
3兆円以上増加しています。この市場規模を他産業と比較すると、
社会インフラを担う石油や電力の市場規模とほぼ同じ規模です。

　就業者数で見ると、258万人が物流業界で働いており、全産業
就業者数の4％を占める一大産業です。

　物流にはさまざまな事業分野がありますが、事業規模で見ると
主力はトラック運送事業で、約14兆円と物流市場全体の6割を
占めています。

トンベース
貨物の輸送量を表した単位。

トンキロベース
トン数に輸送距離を乗じてその仕事量を表した単位。1トンの貨物を10km輸送した場合は10トンキロとなる。

モーダルシフト
まとまった量の地域間の幹線貨物輸送をトラックから鉄道や内航海運へ転換し、トラックと連携して複合一貫輸送を推進すること。交通の混雑、大気汚染などの環境問題への対応を目的としている。
（出典：JIS）

　また、輸送量の規模をはかる指標として、トンベースとトン数
に輸送距離を乗じたトンキロベースがあります。この指標で輸送
量の分担率を見ると、トンベースではトラックが約9割以上を占
めますが、トンキロベースでは約5割にとどまり、海運や鉄道が
残り半分を占めています。すなわち、短距離輸送はトラックの独
壇場であるものの、中・長距離輸送になれば海運などの大量輸送
機関が使われていることがわかります。

今後の物流動向

　通信販売の伸びに伴い、その配送を行う宅配便が大きく伸びて
います。また、その物流拠点となる倉庫事業も同様に伸びており、
首都圏を取り囲むように大型の倉庫が次から次へと新設されてい
ます。また、環境面と人手不足の両面からモーダルシフト（P.23）
が進み、海運や鉄道も伸びていくことが予想されます。一方、主
力のトラック事業においては、宅配便以外に大きな量的成長は望
めません。そのため、デジタル技術の活用による質的な変化が進

016

▶ 物流事業の分野別営業収入

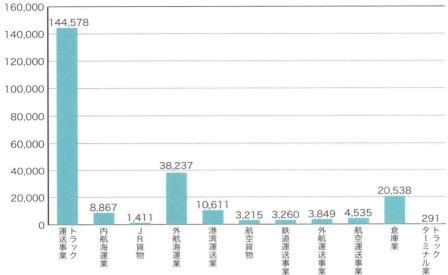

出典：国土交通省、日本物流団体連合会「数字で見る物流2019」

▶ 輸送機関別の分担率

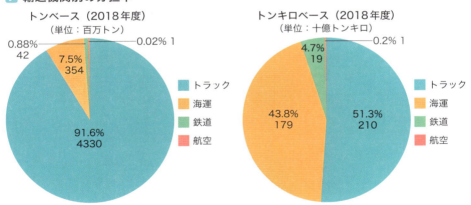

出典：公益社団法人全日本トラック協会「日本のトラック輸送産業 現状と課題」2020年

み、高度な情報ネットワークやシステムを構築した事業者が、中小事業者を組織化し、業界の再編が進んでいきます。今後10年で、物流業界は今までの労働集約産業から脱皮し、先端技術を用いた装置産業へと変化を遂げていくと考えられます。

Chapter1 04

営業物流と自家物流

自家物流から営業物流へ トラック輸送形態の転換

営業用トラックは効率性が高いにも関わらず（輸送効率は自家用トラックの約9倍）、トラック数の約8割は自家用トラックが占めています。そこで、自家物流の今後の方向性について解説します。

効率性が高い営業物流、輸送効率は約9倍

　物流の形態には、他社から依頼を請け有償で仕事をする「営業物流」と、荷主自身が倉庫やトラックを持ち、自社で輸送や保管を行っている「自家物流」の2つがあります。

　2つの形態の規模をトラック台数で比較すると、トラック総台数765万台のうち、営業用トラックは2割で、8割は自家用トラックが占めています。しかし、輸送分担率で見ると逆転します。トンベースで約7割、トンキロベースでは約9割を営業用トラックが担っています。また、稼働効率の指標である「実働1日1車あたり輸送トンキロ」では、自家用トラックの9倍の輸送効率を示しています。すなわち、自社物流は自社の貨物だけが対象であるため、複数かつ広範囲な貨物を対象とする営業物流に比べて、効率性という面で課題を抱えているといえます。そのため、環境負荷の軽減、消費エネルギーの削減の観点からも、専門の物流事業者へのアウトソーシングが進んでいます。

年々少なくなる自家物流

　公益社団法人日本ロジスティクスシステム協会（JILS）の調査によると、この20年間で全物流費に占める自家物流費の割合は年々小さくなっており、2000年度は26%だった割合が2019年度には12%となり、半分以下に減少しています。

　「第三の利潤源」といわれて久しい物流ですが、各企業にとって販売・製造と並び、重要な経営戦略となってきました。物流の改革・改善が企業の競争力に大きく寄与するため、生産性が高く、環境にも考慮した持続可能性のある物流を再構築したいという企業の思いが、この数値の結果に表れていると考えられます。

公益社団法人日本ロジスティクスシステム協会（Japan Institute of Logistics Systems, JILS）
物資流通の円滑化を実現するため、輸送、保管、包装、荷役、流通加工、情報などを総合的にマネジメントする機能（ロジスティクス）に関する調査・研究、企画の立案・推進、人材の育成・指導などを行っている。

▶ トラック輸送の形態

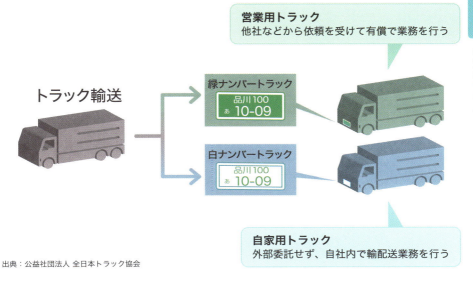

出典：公益社団法人 全日本トラック協会

▶ 営業用・自家用別の品目別の輸送トン数の構成比（2018年度）

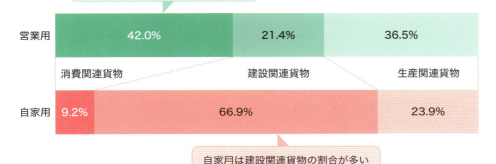

出典：公益社団法人 全日本トラック協会

　逆に、自家物流の企業の中には、環境負荷を考慮した生産性の高い物流を構築している企業もあります。このような企業には、外部から物流を請け負い、量の拡大により自社の物流効率性をさらに高めているところも現れています。

Chapter1
05

物流の6つの機能

物流の基本となる
6つの機能

物流には6つの機能があり、それらは単独ではなく一つのシステムです。また、その機能間にはトレードオフの関係があります。ここでは各機能の概要について説明します。

物流を構成する輸送・保管・荷役

物流には、「輸送」「保管」「荷役」「包装」「流通加工」「情報システム」の6つの機能があります。

「輸送」は、輸送する物資をトラック、船舶、鉄道、航空機、その他の輸送機関によって、ある地点からほかの地点へ移動させることです。

「保管」は、物資を一定の場所において、品質や数量の保持などの適正な管理下で、ある期間、蔵置することです。

「荷役」は、物流過程における物資の積卸し、運搬、積付け、ピッキング、仕分け、荷ぞろえなどの作業のことです。マテリアルハンドリングともいいます。

物流を構成する包装・流通加工・情報システム

「包装」は、物品の輸送、保管、取引、使用などにあたり、その価値および状態を維持するために、適切な材料素材や容器などに物品を収納する作業と、それらを施す技術、または施した状態とされています。パッケージングともいいます。

「流通加工」は、倉庫、物流センター、店舗などで物品を加工することです。必要なサイズへのカット作業、値札づけ、ギフト商品のセット組みなどいろいろなものがあります。

「情報システム」は、受発注から保管、輸配送、さらに調達や回収などの物流を行うためのものですが、物流の各機能の効率化や高度化を実現するためのものもあり、技術の進歩とともに活用範囲は拡大しています。物流には、なくてはならない機能です。

物流の機能は単独で活動するものではなく、複合的に活動するため一つのシステムとして考えることが重要です。

蔵置
物資を倉庫などにしまっておくこと。

積付け
物資を効率的に配置すること。→P.25参照

マテリアルハンドリング
一般に製造や保管、出荷などの工程における"モノ"の移動のこと。マテハンと略されることもある。

020

物流の6つの機能

物流の機能

輸送 →P.22
輸送機関によって物資を移動させる作業

保管 →P.24
物資を適切な管理下で、ある期間、蔵置する作業

荷役 →P.24
物資の積卸し、運搬、積付け、ピッキング、仕分け、荷ぞろえなどの作業

包装 →P.26
物品の価値や状態を維持するため、適切な素材や容器などに収納する作業

流通加工 →P.26
倉庫、物流センター、店舗などで物品を加工する作業

情報システム →P.28
受発注や保管、輸配送などの物流を行うためのものと、物流の各機能の効率化や高度化を実現するためのもの

> **トレードオフ**
> 一方を追求すると、もう一方を犠牲にしなければならないという、二律背反の状態のこと。たとえば、拠点を増やすと配送先までの距離が短くなり配送コストは下がるが、拠点のコストが増えるという関係。

　また、一方を効率化すると他方の効率が低下するトレードオフの関係があることも忘れてはなりません。

Chapter1
06

輸送とは

4つの機関が活躍する「輸送」

輸送には、トラック、船舶、鉄道、航空機などの輸送機関（モード）があり、その特性を活かすことが必要です。ここではそれぞれの特徴について説明します。

輸送機関のそれぞれの特徴

輸送には、トラック、船舶、鉄道、航空機などの輸送機関（モード→P.40）があります。

トラック輸送には、拠点間の輸送を行う大型車、物流センターからの顧客配送に使われる小型車、冷凍冷蔵品を運ぶ保冷車など、用途に合わせてさまざまなタイプの車両が使われています。ドアツードアのサービスができることが特徴です。

船舶輸送は、在来船、コンテナ船、RORO船、フェリーなど、船舶の種類で分けることができます。輸送に時間がかかり、天候に左右される場合がありますが、大量輸送ができることが特徴です。

鉄道輸送は、コンテナ輸送と貨車輸送（車扱）があります。コンテナ輸送では、12ftコンテナが多く活用されていますが、最大積載量が5トンのため、「5トンコンテナ（ゴトコン）」と呼ばれています。貨車輸送は、石油などの液体やセメントなどのバラ貨物を多く扱っていて、中長距離輸送などに適しています。

航空機輸送は、貨物専用機の場合と旅客機の客室床下に積載する場合があり、いずれもコンテナなどの一定の荷姿にそろえられて積載されます。輸送時間が短くコストが高いことが特徴です。

モーダルシフトの動き

輸送機関のうち、輸送物量の9割以上でトラックが使われています（P.16）。しかし、近年のドライバー不足への対応や環境負荷軽減を目的にモーダルシフトが叫ばれ、輸送機関をトラックから鉄道や船舶へ転換する動きが加速しています。

荷主の物流費において、一般的に輸配送費は5割を超えるため、管理や改善をしっかりと進めることが必要です。

RORO船

トラックが自走して乗り(Roll on)降り(Roll off)できる船舶のこと。フェリーは乗客を乗せるが、RORO船は乗組員だけで運航されることが異なる。

バラ貨物

梱包されていない状態で大量に輸送される貨物のこと。バラ積み貨物、バルカーともいう。石油やセメントのほか、穀物や鉱物資源などがある。

輸配送

拠点間を移動するのが「輸送」、物流拠点から荷受人へ送り届けるのが「配送」として区分する。

022

▶ 輸送の4つのモード

トラック	船舶	鉄道	航空機
ドアツードアのサービスができる	輸送に時間がかかるが、大量輸送ができる	中長距離輸送などに適している	輸送時間が短いが、コストが高い
大型車、小型車、保冷車など	在来船、コンテナ船、RORO船、フェリーなど	コンテナ輸送、貨車輸送など	貨物専用機、旅客機など

第1章 物流のきほん

▶ モーダルシフトの特徴

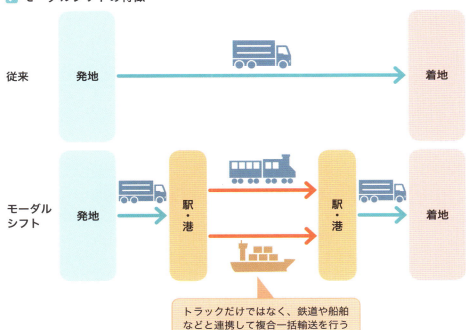

トラックだけではなく、鉄道や船舶などと連携して複合一括輸送を行う

023

Chapter1
07

保管・荷役とは

的確に商品を管理する「保管」
物資を移動させる作業「荷役」

保管が行われる倉庫の種類や、物流過程のさまざまな場面で行われる作業である荷役について説明します。

保管は商品をスムーズに届ける緩衝材

保管は、生産と販売の間にあり、商品をスムーズに届けるための緩衝材のような機能を持っています。販売の需要に対して、商品をスムーズに供給するためには、品揃えが十分であること、すぐに取り出せる状態になっていること、要求された数量があることなどの機能が必要になります。そのためには、的確な在庫管理が行われ、適切な保管方法がとられていなければなりません。

保管を行う倉庫は、倉庫業法（P.44）では「物品の滅失もしくは損傷を防止するための工作物または物品の滅失もしくは損傷を防止するための工作を施した土地もしくは水面であって、物品の保管の用に供するものをいう」と定義されています。

一般的な倉庫以外には、木材を水面で保管する水面倉庫、危険物を保管する危険物倉庫、温度管理が必要な商品を保管する冷凍冷蔵倉庫などがあります。

荷役は物資移動のための作業

荷役は、物流過程のさまざまな場面における物資移動のための作業のことです。トラックやコンテナへの積卸し、倉庫などの建物内や敷地内などへの運搬、パレットなどに対する積付け、保管物資から必要なものを取り出すピッキングなどがあります。

物流コストは荷役の効率に大きく左右されますので、適切な手段と機器を使って行います。ピッキングでは、商品をオーダーごとに取り出したり、一括で取り出して仕分けしたりするなどの方法があります。また、その場合に使う荷役機器（マテハン機器）もいろいろありますので、適当なものを選定し、活用することが必要です。

マテハン
マテリアルハンドリングの略。→P.20参照

024

倉庫の種類

1類倉庫：冷蔵倉庫および危険品倉庫での保管が義務づけられている物品以外のものを保管するハイグレードな倉庫。
2類倉庫：防火、耐火性能が不要なため、1類倉庫に比べ保管できる物品が限られる。
3類倉庫：防火、耐火に加え防水、防湿性能も不要なため、燃えにくく湿気にも強い物品が保管される。

代表的な荷役作業

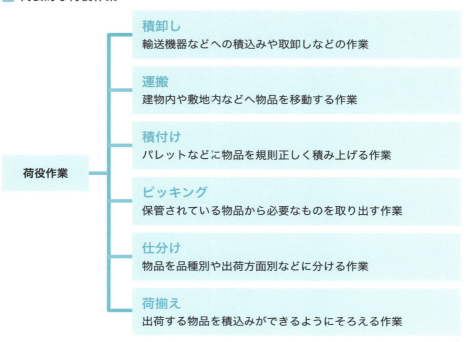

Chapter1
08

包装・流通加工とは

品物を外部から保護する「包装」
流通段階に欠かせない「流通加工」

包装は内容品を保護することが目的ですが、包装貨物をかたまりで考えることも重要です。流通加工は、多様なニーズに応えるため近年拡大しています。ここでは、それぞれの目的などについて説明します。

包装の最も重要な目的は、内容品の保護

包装は、「個装」「内装」「外装」に分けられます。外装は物流作業単位の包装ですが、量販店などの物流では、個装単位や内装単位での作業もあります。

包装の目的は、「包装品の保護」「取扱い・保管・販売の利便性確保」「宣伝媒体・情報伝達としての機能を含めたパッケージデザイン機能」「荷扱いの条件づけ」「新品性の保証」です。この中で最も重要なものは包装品の保護で、外力による影響の排除、温湿度などの環境条件からの保護、細菌類による影響の排除などがあります。

個々の包装貨物ではなく、パレットやコンテナを利用して一つのかたまりとして考えることをユニットロードといい、ユニットロード化を図って物流を効率化することをユニットロードシステムと呼びます。

流通加工は、多様なニーズに応える一手段

流通加工は、従来生産過程や店舗などで行われていた作業を倉庫や物流センターで行うことで、多様なニーズや迅速な供給に応えようとするものです。倉庫や物流センターで流通加工を行うことで、輸送の効率化やリードタイムの短縮、トータルコストの削減が可能となります。また、生産や販売と機能を分担することで、業務の効率化や生産性の向上にもつながります。

流通加工を行うためには、業務全体を効率化するフローの設計やミスなどを防ぐしくみの導入、これらを支える情報システムの開発などを行うことが必要です。

ユニットロード（Unit Load）
複数の物品または包装貨物を、機械および器具による取扱いに適するように、パレットやコンテナなどを使って一つの単位にまとめた貨物。貨物をユニットロード化することによって、荷役を機械化し、輸送や保管などを効率化するしくみをユニットロードシステムという。
（出典：JIS）

リードタイム
商品の発注から納品までに要する時間。最近ではインターネット通販などで当日配送サービスも当たり前のように行われておりリードタイムは短縮傾向にあるが、物流現場やドライバーへの負担が増大している。

026

包装の目的

包装品の保護	利便性の確保	パッケージデザイン機能
包装の目的の中で最も重要なもの	取扱い・保管・販売の利便性の確保	宣伝媒体や情報伝達としての機能
外力による影響の排除、環境条件からの保護、細菌類による影響の排除など	包装質量、寸法、重心位置、入れ数などが重要な要素	商品の購買意欲を高める機能

荷扱いの条件づけ	新品性の保証
脆弱な商品を安全に輸送するための手法	生産された状態であることを保証する
内容品を一定の単位にまとめて包装するなど	生産された状態のまま消費者に届ける

包装の種類

個装	・物品個別の包装 ・商品自体を守る	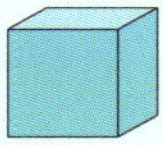
内装	・個装と外装の中間 ・個装をいくつかまとめたもの ・小売店などのパッケージされた商品	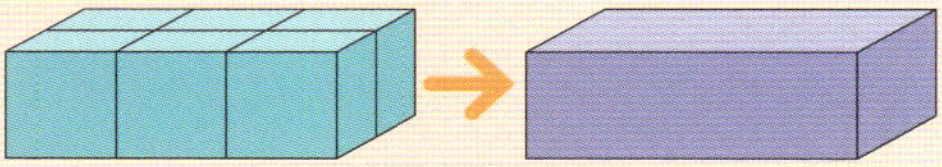
外装	・物流作業単位の包装 　（個装、内装単位で作業する 　場合もある） ・パッケージされた商品をダンボールに詰めたもの	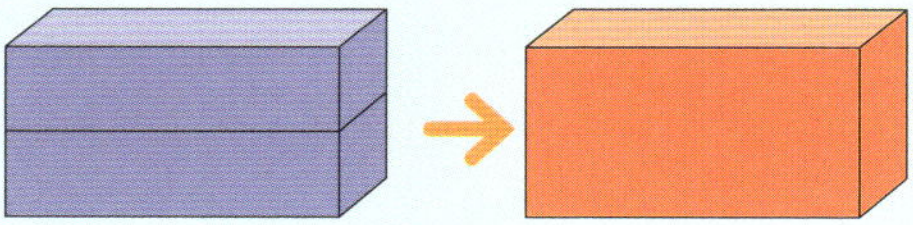

第1章 物流のきほん

027

Chapter1
09

情報システムとは

物流に必要なデータを管理する「情報システム」

物流を効率的に行うためには、情報システムの活用が不可欠です。ここでは
その目的や情報システムの種類について説明します。

情報システムは物流において不可欠である

　情報システムは、物流だけではなく、企業活動を行うためになくてはならないものです。企業は企業内のさまざまな情報システムを連携させ、企業活動を行っていますが、物流情報システムもその一つです。

　物流情報システム活用の目的は、「コスト削減」「時間短縮」「品質向上」「省力化」「サプライチェーンの効率化」です。

物流情報システムの3つの分野

　物流情報システムは、大きく「戦略・企画」「計画・管理」「実務」の3つの分野に分けることができます。

　「戦略・企画」は、シミュレーションなどを行い、物流ネットワーク、拠点立地、在庫に関する戦略や企画などを進めるためのものです。

　「計画・管理」は、物流の計画、実績の見える化、物流の管理を行うものです。これらは単独で稼働する場合だけではなく、基幹系システム（Enterprise Resource Planning, ERP）と呼ばれるシステムに含まれている場合もあります。

　「実務」は、実際の業務に密接した情報システムで、発注や受注などのオーダー管理システム（Order Management System, OMS）、物流拠点の業務や在庫を管理する倉庫管理システム（Warehouse Management System, WMS）、輸配送を管理する輸配送管理システム（Transportation Management System, TMS）、国際物流を管理するシステム（Global Logistics System, GLS）などがあります。

　情報システムは、日々の業務を効率的に行うためだけではなく、

基幹系システム
ERP（Enterprise Resource Planning）「経営資源計画」ともいわれ、部署ごとに分断されていたヒト・モノ・カネの情報（生産、販売、購買、在庫、人事、会計）を一つのデータベースで統合管理し、経営活動を合理的に進めようとするもの。

倉庫管理システム
倉庫における荷役・保管・包装・流通加工を支援する情報システムでWMSと略される。在庫受払い・ピッキング・仕分け処理・作業管理などの機能があり、各種マテハン機器との連携も行われる。

輸配送管理システム
輸配送の計画や管理に使われるシステムで、TMSと略される。配送・配車計画、配車支援・運行動態管理・求貨求車などのシステムがある。

028

▶ 主な物流情報システムの体系

▶ 物流情報システムの目的

コスト削減	情報システムの利用により作業工数が削減されて、コスト削減につながる
時間短縮	情報システムの活用により作業スピードが向上し、時間短縮につながる
品質向上	輸配送の商品や物流センターの在庫などが正確に把握できるため、顧客に対して品質を維持・向上できる
省力化	物流拠点内の自動化機器などの活用が可能となり、省力化につながる
サプライチェーンの効率化	サプライチェーン上の在庫や商品の動きを共有できるため、無駄な在庫を削減するなどの効率化ができる

　ここから得られるデータを管理分析し、活かしていくことが必要です。管理指標を設定し、日々その数値をウォッチし、異常があればすぐに改善に着手し、最適な体制を維持向上することです。
　情報システムの技術革新のスピードは速く、新しい技術やそれを活用したシステムが登場しています。日々そのような情報を入手し、企業は活用の可能性を考えてみることが必要です。

COLUMN 1

千利休も三菱も物流事業から。
物流が三菱の基礎を築いた

利休をご存知でしょうか？

千利休は、織豊時代、天下一の茶人として、侘び茶を大成しました。そして、利休の茶は、「表千家」「裏千家」「武者小路千家」の三千家として今日に至っています。テレビの時代劇にも、利休と武将が、二畳という狭い茶室で何やら政治性をおびた会話をしているシーンがよくありますが、秀吉の茶頭（さどう）として、また懐刀として、政治に深く関わり、そして、最後は秀吉の命で切腹し、70歳の生涯を終えました。

利休はもともと堺の商人で、家業は納屋衆、今でいう倉庫業です。当時の堺は一種の自治都市で、納屋衆といわれる豪商たちが市政を執っていました。この納屋衆たちは、倉庫業のほか、廻船業（今でいう海運業）で商業・貿易も盛んに行っていました。利休の生家がどれだけの規模の倉庫や船を持っていたかは定かではありませんが、物流で財を築いた豪商たちと、それに相反する侘びの茶の湯、何とも強烈なコントラストを感じます（ちなみに、利休が茶の湯を学び始めた頃には、家運は傾き無財同然になっていたともいわれています）。

また、岩崎弥太郎が創立した三菱商会も、基盤は海運業です。当時の海運業最大手は日本国郵便汽船会社でしたが、新興の三菱は、お客様（荷主様）には笑顔で応対すること、そして小判の絵を描いた扇子を持たせ、「お客を小判と思え」と指導したそうです。この後、明治政府の軍需輸送を独占し、海運業からの多角化により三菱財閥の基礎を築きました。弥太郎の死後、その弟の弥之助が後を継ぎ、炭鉱・鉱山事業と造船事業を興し、さらに銀行事業、倉庫事業にも進出しました。海運や倉庫といった物流事業は、中核事業であったり、早い段階で事業化したりと、当時の三菱首脳にとっても重視した事業だったのではないかと推測します。その後の三菱財閥の発展は歴史が示す通りです。

四方を海に囲まれた島国で、モノを運ぶということを祖業にして事業を発展させた岩崎弥太郎。その後の事業の多角化と物流（当時この言葉はまだありません）について、どのように考えていたのでしょうか。

第2章

移り変わる
物流会社の役割

物流というと、輸送や配送、保管といった運搬関係の
キーワードが思い浮かびますが、実際にはさまざまな
業務を行っています。また、近年では経営的な視点が
重要視されており、事業者の形態なども変わってきま
した。

Chapter2
01

二極化する物流事業者

運送を中心とする従来の事業者と価値を提供する事業者との二極化

トラック運送事業者は、規制緩和により事業者数が増加し、競争が激化しています。中小事業者は価格競争に走りましたが、大手事業者や先進的な中堅事業者は、価格競争から脱して価値を提供しています。

事業者数の増加による価格競争の激化

物流事業全体の市場規模約24兆円のうち、トラック運送事業者は約6割の14兆円を占めています。トラック運送事業者数は約6万2,000社あり、そのうち従業員10人以下の企業が約5割の3万1,000社、50人以下では約9割を占め、零細企業や中小企業が中心の業界といえます。

事業者数は、規制緩和の影響により、1990年の約4万社から6万社以上へと急激に増加しました。そのため、事業者間の競争は年々激しさを増し、貨物を委託する荷主の発言力も強まっています。中小の事業者は、他社より安い価格で物流サービスを提供しようとして過度な価格競争に突入していき、荷主の要求に応えることに全力を傾け、マーケティングの考え方はあまり必要とされませんでした。

従来の体質の事業者と先進的な事業者

中小事業者の提供する物流サービスは、輸送や保管などの単体の機能のみであることが多く、荷主の求める**物流条件**（受注締切時間の延長や着時間指定など）に対する価格設定などはありませんでした。これにより、荷主の過度な要求に応えていった結果、生産性が悪化し、作業員やドライバーなどの労働時間は長時間化し、他産業と比べて時間あたり賃金が低くなりました。

これに対し、競争力を高めてきたのが、大手事業者と先進的な中堅事業者です。これらの事業者は、**総合物流事業者**として、荷主の問題点を分析し、積極的に効率化策を提案しました。その提案範囲は、調達、生産、販売など、サプライチェーンに全体に及び、情報システムや運営、管理も含めた3PLという業態を作り上

物流条件
契約時に荷主と物流事業者で取り交わすサービス条件のこと。取引継続の中でそれを上回る要求を荷主から出されても、価格転嫁できずに従う中小事業者は多い。

総合物流事業者
陸運、海運、空運および倉庫、国際物流など総合的なアセットを保有するとともに、高度な提案力により多様化、高度化する物流ニーズに対し、トータルな物流サービスを提供する物流事業者。

032

▶ トラック運送事業の規模別事業者数

車両規模別

業種＼両	10以下	11～20	21～30	31～50	51～100	101～200	201～500	501以上	合計
特別積合せ	8	8	13	24	64	73	62	40	292
一般	29,583	12,925	5,930	4,684	2,881	801	203	47	57,054
特定	360	25	7	6	2	0	0	1	401
霊柩	4,523	136	28	20	5	1	1	0	4,714
計	34,474	13,094	5,978	4,734	2,952	875	266	88	62,461
構成比（％）	55.2	21.0	9.6	7.6	4.7	1.4	0.4	0.1	100.0

従業員規模

業種＼人	10以下	11～20	21～30	31～50	51～100	101～200	201～300	301～1,000	1,001以上	合計
特別積合せ	8	3	4	23	54	63	36	66	35	292
一般	26,267	14,137	6,566	4,956	3,476	1,241	257	121	33	57,054
特定	317	54	12	14	2	1	0	1	0	401
霊柩	4,183	278	93	78	41	21	11	6	3	4,714
計	30,775	14,472	6,675	5,071	3,573	1,326	304	194	71	62,461
構成比（％）	49.3	23.2	10.7	8.1	5.7	2.1	0.5	0.3	0.1	100.0

出典：国土交通省の資料より作成
※１．各項目の構成比については四捨五入しているため、合計と一致しない
　２．各表の特別積合せの係数は、一般の外数として計上している
　３．一般には霊柩を兼業している事業者を含む。霊柩は専業事業者のみ

▶ トラック運送事業者数の推移（単位　者）

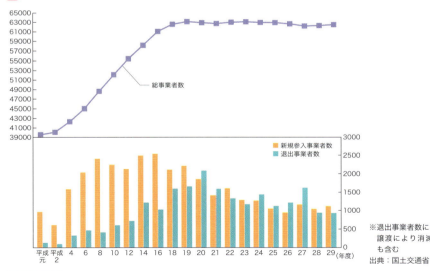

※退出事業者数には、合併・譲渡により消滅した企業も含む
出典：国土交通省

げました。

　このように、物流業界は「運送屋」としての従来の体質を抱えたままの事業者と、価格競争から脱して価値を提供していく事業者との二極化が進んでいます。

Chapter2
02

物流からロジスティクスへ

仕入れから出荷までの流れを
適切に管理するロジスティクス

物流の諸機能を高度化し、調達、生産、販売を最適化する戦略的な経営管理
システムとしてロジスティクスをとらえることが、物流事業者が価値を提供
していくために不可欠になっています。

ロジスティクスは戦略

ロジスティクスとは、もともとは軍事用語であり「物資や兵員を前線に供給するための基地の運営」を意味する言葉で、日本語では「兵站」と呼ばれています。この考え方を企業経営における商品供給のマネジメントに応用したものが「ビジネス・ロジスティクス」といわれ、「ロジスティクス」として定着してきました。

1990年の湾岸戦争時、米軍のロジスティクス部門は、700万トンもの物資を前線に「必要なものを、必要なだけ、必要な場所に、必要なタイミングで」送り込んでいます。当時の日本は、消費者主導の**プル型**市場への転換期であり、このロジスティクスという考え方が非常に注目されました。ロジスティクスを「輸送」や「保管」といった機能の単なる集合体ではなく、戦略であるととらえたのです。JIS における定義では、「物流の諸機能を高度化し、調達、生産、販売、回収、などの各分野を統合して、需要と供給との適正化をはかるとともに顧客満足を向上させ、合わせて環境保全、安全対策などをはじめとした社会的課題への対応を目指す戦略的な経営管理」とされています。

ロジスティクスの目的

ロジスティクスの目的とは、企業インフラや人的資源、技術などをもとに「購買および調達」「製造」「販売物流」「マーケティングおよび営業」「サービス」などの活動を相互に結び付け、市場動向に対応する一貫したマネジメントを行うことです。言い換えると、ロジスティクスは「物流のみならず生産、販売などさまざまな企業活動の全体を最適化する」という大きな目的を持っており、経営管理における戦略的な意味合いがあります。

プル型
Pull(引く)の意味通り、川下である消費者側のニーズに応じて、川上である生産者側が対応していくこと。

JIS（Japanese Industrial Standards）
日本産業規格
鉱工業品の品質の改善、性能・安全性の向上、生産効率の増進などのため、工業標準化法に基づき制定される国家規格。

ロジスティクスのネットワークのイメージ

- ネットワーク上の「輸送モード」と「物流拠点」をサプライチェーンとして統合的に管理
- 必要なものを、必要なときに、必要な場所に、必要な量だけ、最小のコストで納品可能

ロジスティクスの目的

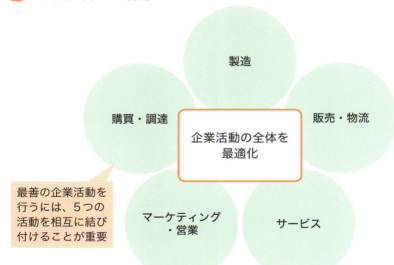

最善の企業活動を行うには、5つの活動を相互に結び付けることが重要

Chapter2
03

経営戦略とロジスティクス戦略

会社全体に影響を与える
ロジスティクス戦略

ロジスティクス戦略は、経営に直結するものが多く、企業の機能別戦略の中で最も重要なものです。ここでは経営戦略やロジスティクス戦略について説明します。

企業の目指すビジョン

　企業には、基本となる理念があり、ビジョンがあり、そして経営戦略があります。また、経営戦略には、全社戦略と、それに基づく事業戦略があります。事業戦略の中には、機能別にマーケティングや生産・調達などの戦略がありますが、ロジスティクス戦略もその一つです。

　企業ごとに目指す姿（ビジョン）があり、そのビジョンの達成のために経営資源といわれる「ヒト・モノ・カネ」、さらには「情報」「時間」などをどう配分していくかを考えたものが経営戦略です。戦略は、進むべき方向を示す羅針盤のように必要不可欠のもので、中でもロジスティクス戦略は事業別の戦略に横串を刺すような位置づけにあり、会社全体に影響を与えます。

戦略と戦術の違い

　一般的に戦略は中長期的で大局的なもので、実現していくための戦術は短期的で局所的なものです。ロジスティクスでは、戦略と戦術が明確に分けづらくもありますが、需給調整と在庫計画、サプライチェーンの最適化、物流ネットワークの最適化などや、これらに対する投資計画などの戦略があります。また、ロジスティクス関連組織の整備や、人材育成の計画なども含まれます。このような戦略は、環境分析をもとに策定していくことが基本ですが、現在のように変化の激しい時代には、策定した戦略の実行だけではなく、環境変化に合わせて戦略を柔軟に見直すことも必要です。ロジスティクスの戦略や戦術の実行においては、管理サイクルや到達目標を設定し、ビジネスの基本といえる**PDCA**（Plan-Do-Check-Act）サイクルを回して管理することが必要です。

サプライチェーン
供給連鎖ともいい、商品が消費者に届くまでの原料調達から製造、在庫管理、配送、販売、消費までの一連の流れをいう。

PDCA
「Plan＝計画」「Do＝実行」「Check＝評価」「Act＝改善」の４つの英単語の頭文字で、「PDCAサイクル」とも呼ばれる。P→D→C→A→P……といった具合に、４つの段階を循環的に繰り返し行うことで、仕事を改善・効率化する方法。

036

▶ 経営戦略の位置付けと経営資源

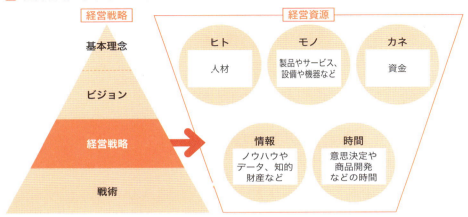

▶ ロジスティクス戦略の必要性

全社的な経営課題として、企業内のさまざまな部門の機能を統合的に管理・運用するため、ロジスティクス戦略が必要となる

需要に応じ、調達・生産・物流・販売の活動を同期化させ、必要なモノを、必要な時に、必要な所へ、必要なだけ、必要な状態で、効率的に供給する。
もし、各部門が個別に最適化を志向すると、高コスト、過剰在庫や欠品、品質の低下など経営上のロスや環境負荷の増大を招く。

サプライチェーンの最適化

Chapter2
04

原料から消費者までの流れを管理する
サプライチェーン・マネジメント

サプライチェーン・マネジメント（Supply Chain Management,SCM）
の高度化のためには、企業間連携、効率的な運用体制、情報システムの整備
など、ロジスティクスの高度化が必要です。

SCMで"もの"の流れを統合的に見る

リードタイム
P.26参照

　サプライチェーンは、供給連鎖ともいわれます。サプライチェーン・マネジメント（SCM）は、原料から消費者までの供給連鎖（サプライチェーン）の"もの"の流れを統合的に見て、プロセス全体の効率化と最適化を実現するための経営管理手法（マネジメント）のことです。開発、調達、製造、流通、販売といった各プロセス全体の効率化と最適化を実現することで、欠品防止による販売機会ロスの最少化、トータル在庫の削減、トータル**リードタイム**の短縮、全体の業務効率化によるローコストオペレーションの実現、キャッシュフローの改善などを目指しています。

　サプライチェーンが分断されていると、販売量の情報が販売側の企業から生産側の企業に正確に伝わらず、商品の補充量が多くなり、サプライチェーン上のトータル在庫は膨らんでいきます。これを**ブルウィップ効果**と呼びます。これは、在庫過剰より欠品のほうが問題視されるため、余裕をもって補充しておきたいという意識が働くことが一因です。

**ブルウィップ効果
(Bullwhip)**

ブルウィップとは、牛（bull）などの家畜用に使う鞭（whip）のこと。手元でわずかな力を加えるだけで、鞭の先は大きくしなることになぞらえ、需要変動が川上に行くほど増幅される現象をブルウィップ効果という。

SCMの体制の構築に必要なこと

　SCMが高度化されると、販売情報をもとに必要な在庫量を保持すればよくなります。また、無駄な在庫がなくなることでキャッシュフローの改善など効果が生まれます。

　このような体制を構築するためには、サプライチェーン上の各社のロジスティクスが高度化されていることが求められます。まずは経営戦略としての企業間連携、効率的な運用体制の実現、そのための情報システム体制の整備などの観点から取り組むことが必要です。

▶ SCMのねらい

- 欠品防止による販売機会ロスの最少化（売上増）
- 流通在庫も含めたトータル在庫の削減
- 調達から販売までのトータルリードタイムの短縮
- 全体の業務効率化によるローコストオペレーションの実現
- キャッシュフローの改善
- 情報共有による需要変動リスクの最少化

▶ ブルウィップ効果のイメージ

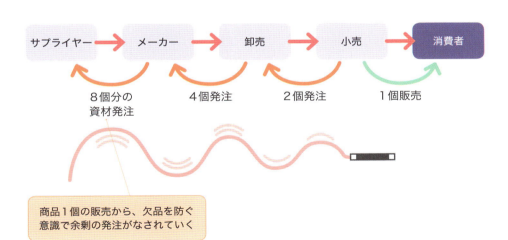

情報システムの低廉化や技術革新などにより、今までの数量ベースでの最適化だけではなく、金額ベースでの最適化も増えてきています。

Chapter2
05

物流ネットワークの基礎知識

物流拠点、輸送経路、輸送機関で物流ネットワークは構成されている

物流ネットワークは、物流拠点、輸送経路、輸送機関の選択と組み合せでできています。その形やよく使われる考え方を取り上げます。

物流ネットワークとは

物流ネットワークとは、生産者から消費者に"モノ"を届けるネットワークのことです。ネットワーク上には「ノード」と呼ばれる物流拠点と「リンク」と呼ばれる経路があり、これらをつないだものがネットワークです。

物流拠点（ノード）は、結び目や結節点を意味し、貨物が積み替えられる場所、保管される場所の総称です。ノードの設置場所、規模、機能などの違いにより多種多様なものが存在します。また、そこで取り扱う在庫の種類や数量などは、サプライチェーン全体を考えたときの重要な要素となります。

輸送経路（リンク）は、連鎖を意味し、ノード間を結ぶ輸送経路を指します。このリンクにおいて輸送を担う機関をモードと呼びます。

物流ネットワークを検討する場合は、ノードとそれらをつなぐ道路、鉄道、海路、航空路のリンク、トラック、鉄道、船舶、航空機などのモードの選択と組み合わせが重要です。

物流ネットワークの形

物流ネットワークにおけるリンクとノードの形はいくつかありますが、よく使われているのが自転車の車輪のようなハブ・アンド・スポーク型といわれるものです。

これはハブと呼ばれる中心の拠点とそこにつながる拠点で構成されます。周りにある拠点からハブに貨物を持ち込み、拠点別に仕分け、仕分けられたものをまとめて自拠点に持ち帰るものです。たとえば、全国各地からハブ空港に貨物をいったん輸送し、そこで出荷方面別に仕分け、帰りの便で全国各地の空港に輸送するよ

040

▶ 物流拠点、輸送経路、輸送機関の関係

▶ ハブ・アンド・スポーク型の物流ネットワーク

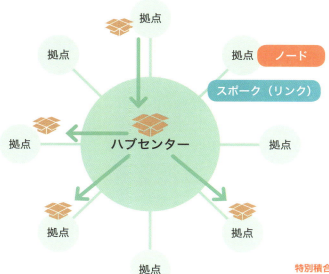

うな形です。航空便や**特別積合せ便**などがこのような考え方を採用しています。この輸送方法は、輸送距離や輸送回数を減らし、物流効率化や環境負荷低減につながります。

特別積合せ便
不特定多数の荷主の貨物を1台の車両にまとめて積載し、全国規模で輸送する形態。特積み便や路線便ともいう。

Chapter2
06

物流ネットワークの最適化

物流ネットワーク構築の
肝となる物流拠点の設置

拠点設置で検討が必要な項目は、拠点数、拠点立地、規模、機能などです。
ここでは検討が必要な内容について説明します。

物流拠点の設置

物流において、拠点設置は大変重要な要素です。これは、顧客
へのサービスに大きく影響を与えるばかりではなく、物流コスト
にも違いが出るためです。いったん決定すると簡単に変更するこ
とは難しいため、拠点数、拠点立地、規模、機能などの十分な検
討が必要です。

拠点数は、扱う商品の特性や顧客へのサービスレベル（リード
タイムなど）などを考慮します。拠点数が多いほどサービスレベ
ルは向上し、配送コストを抑えることは可能ですが、拠点のコス
トがかかるというトレードオフの関係があるためです。

拠点立地は、需要の重心点を立地場所の候補として、設置コス
トなどを考慮し、実際に設置できる立地を探していきます。また、
この需要は、現時点ではなく、数年後の計画も含めて検討するこ
とが重要です。検討に際しては、自社で活用できる拠点を含めた
り、生産拠点や輸出入の港湾や空港との位置についても考慮する
ことが必要です。

拠点の設置は物流ネットワーク構築の一環

拠点には、在庫型物流センターや通過型物流センターがあり、
さらにその物流センター内で包装や流通加工などが行われるなど、
さまざまなタイプがあります。そのため、拠点のタイプを検討し、
配置することが必要です。

物流拠点の規模は、タイプにより変わります。在庫型では、在
庫量が大きな要素となるため、全体の在庫計画の中から在庫量と
波動状況を考慮して検討します。拠点数が増えると安全在庫が増
えるため、在庫量の増加も考慮します。また、将来の拡張性につ

波動

物流における波動と
は物量の波のこと。
年間波動、季節波動、
曜日波動などがある。
クリスマスシーズン、
新商品発売情報、セ
ール・特売情報、広
告などの要因のほか、
自然災害などによっ
ても取り扱われる物
流量は大きく変わる。
「波動性」について
はP.206参照。

安全在庫

需要変動または補充
期間の不確実性を吸
収するために必要と
される在庫。
（出典：JIS）

042

▶ 拠点設置に関連するトレードオフのイメージ

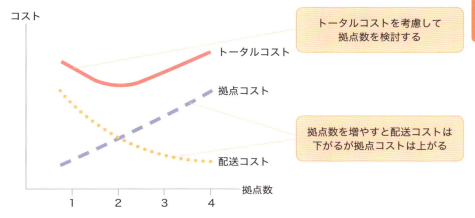

▶ 拠点設置の検討のポイント

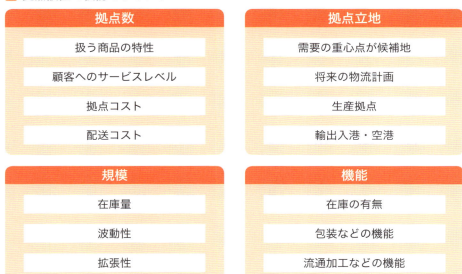

いても同時に検討すべき項目です。

　拠点設置においては、自社だけではなく、他社との共同化など、異なる施策の実行も考慮して検討を進める必要があります。

　拠点設置は、物流ネットワーク構築の一環であり、全体像の中から詳細に検討していくことが重要です。

043

Chapter2
07

高まる物流センターの役割

需要が高まる高機能&大型の 物流センター

倉庫業は生産と消費を結び付け、生活基盤を支える極めて公共性の高い産業であり、円滑かつ効率的な物流全体の中核となるのが物流センターです。ここでは物流センターの役割と機能を解説します。

物流センターの機能と役割

倉庫業法
倉庫業法とは、倉庫業を営む事業者に対して順守すべき規則や基準を定めた法律。

　倉庫業は、**倉庫業法**により「寄託を受けた物品の倉庫における保管を行う営業」と定義されており、物流業において重要な役割を担っています。かつては、寄託商品を保管する場所、入出荷する場所としての機能のみであった「倉庫」が、取扱商品の多様化、消費者の物流ニーズに対する変化などにより、多種多様な機能を備える「物流センター」へと変わってきています。

　物流センターの主な役割には、「保管による生産と消費の時間調整」「迅速な出荷・納品」「流通加工」「輸配送の効率化」「物流の情報センター」などがあり、需要と供給のバランスを調整し、物流を効率化する拠点となっています。つまり、物流全体のプロセスを最適化する中核が物流センターといえます。

　物流センターの種類としては、「通過型」「在庫型」「流通加工型」などがあり、これらの機能を併せ持つ「複合型」が一般的です。「通過型」は、保管を行わずに荷物の仕分けや積替えを行ったり、一括出荷を行ったりします。「在庫型」は、在庫を保管し、保管した商品の仕分けや店舗出荷などを行います。「流通加工型」は、生鮮品の加工や部品の組立てなどの流通加工を行う設備があり、準工場といえる機能を持ちます。

大規模な物流センターへの需要

　近年の荷主の経営環境や物流ニーズの高度化・多様化などにより、高機能な大型物流センターへの需要が拡大しています。倉庫事業者も倉庫の高機能化と大型化を進め、複数の荷主を集約して収益性を高めています。従来は、自社で倉庫を建設する企業もありましたが、大手倉庫事業者や物流事業者から物流施設を賃貸す

044

▶ 物流センターの種類

通過型	在庫型	流通加工型
貨物を仕分け、積替えし、出荷する作業が主な機能	貨物を保管し、顧客や地域などへ仕分けして出荷する機能	生鮮品の加工、詰合せ、部品の組立てなどの高度な流通加工に対応
基本的に貨物の格納や保管などは行わない	受注からピッキング、検品、梱包、出荷などの物流加工を行う	流通加工により保管している貨物に付加価値を付ける
入庫から出荷までの時間が短く、スピーディーな連携が必要	保管・荷役機器、情報機器、空調などの設備の整備が必要	流通加工のための温度管理や生産ラインなどの設備と多くの労働力が必要

▶ 複合型物流センターの事例

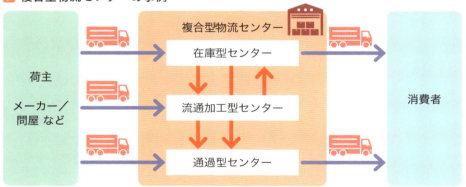

一つの物流センター内に複数機能を集約することで、機能間でのシナジー効果を生む
・機能間の移動物量の削減
・入庫から在庫、流通加工、出荷の物流運用を一元管理
・センター内貨物（在庫、流通加工）と外部貨物との仕分け、組合せ出荷

る企業も増えています。また、倉庫事業者以外の商社やデベロッパーなどの他業種も、物流ニーズに対応できる大規模な賃貸型物流施設（いわゆる**物流不動産**）へ参入しています。

物流不動産
物流業務を行うための施設として第三者へ賃貸される、倉庫・物流センターなどの建物。

Chapter2
08

巨大化する物流センター

通信販売の増加を背景に巨大化する物流センター

物流センターはサプライチェーンの中核として、工場や店舗で行われていた作業をその中に取り込み、複合的な機能を有するように変化してきました。さらにEC物流のニーズが重なり、巨大センターが続々と誕生しています。

巨大化する物流センターの背景

売上が右肩上がりの通信販売と、それに対抗する小売業などが競争力を高めるため、物流をその主戦場と位置づけてきています。チェーンストアの店舗に行けば、多種多様な商品が並び、常に商品が補充され、好きな商品を手に取って選べます。インターネット通販に至っては、好きな商品を画面で選び、購入した当日に商品が届くことさえあります。これらを裏側で支えているのが物流です。そのサプライチェーンの中核として、多くの巨大物流センターが存在しています。

物流センターはサプライチェーンの司令塔

通信販売事業者は、物流センターを営業倉庫事業者に、配送をヤマト運輸、佐川急便、日本郵便といった宅配事業者に委託していましたが、2010年代に入り、自社物流センターの構築・運営の動きが強くなりました。そこに進出してきたのが物流施設を扱う外資系の不動産会社です。これらはREIT（不動産投資信託）と組み合わせた形で、物流センター自体を投資対象とする新しい業態の企業です。現在は国内の大手不動産会社や住宅メーカーなども進出し、巨大な物流センターが続々と建設されています。

現在、物流センターはサプライチェーンの中核として、さまざまな機能を要しています。ピッキング、検品、仕分け、箱詰めはもちろん、値札づけ、セット組み、裁断など、店舗や工場で行っていた流通加工も行われています。

また、発注から1時間や2時間以内に顧客の手に届くようにするには、それだけ多くの物流センターが必要になります。そして、それら物流センターには、商品の入出荷とともに、どの商品がど

物流センター
「保管」「輸送」「荷役」「包装」「流通加工」の5つの機能を持ち、消費者へのスムーズな物流を実現するための拠点。

REIT
（不動産投資信託）
投資家から集めた資金で不動産への投資を行い、そこから得られる賃貸料収入や不動産の売買益を原資として投資家に配当する商品のこと。

046

▶ 物流センターの機能

▶ 巨大物流センターの機能

- 通販事業者間での競争激化
- 倉庫事業者のキャパや能力が物流サービスの前提となる

ECなど物流ニーズの高まりと重なり、複合機能を有したサプライチェーンの中核として巨大物流センターを活用

- 物流施設を扱う外資系不動産会社により、REIT（不動産投資信託）と組み合わせ、物流センター自体を投資対象として巨大な物流センターを次々と建設

こから入荷し、どの期間保管され、どこへ出荷するかといったさまざまな情報が集まります。これらをすべて行っている物流センターは巨大化し、サプライチェーンの司令塔となっています。

Chapter2
09

物流子会社とは

親会社の物流業務を担う
物流子会社

物流子会社は年々減少しています。大手物流事業者に売却される事例も多くあります。物流子会社のよい点、考慮すべき点を踏まえ、生き残る物流子会社像を明確化します。

物流子会社の役割

物流子会社
1970年頃から物流管理の重要性が認識され、設立されるようになった。

　物流子会社は、荷主が自社の物流関連業務を委託するために設立した機能会社です。設立の目的は、物流の一括管理による効率化、物流の管理レベルの向上、物流コストの明確化、人材の受け皿、物流業界に合わせた賃金体系の採用などです。業務受託の範囲は、親会社の物流管理だけを行う場合や、物流管理だけではなく実際の物流業務も行う場合があります。また、親会社の業務だけを行う場合や、他社の物流業務も受託する場合があります。

　多くの場合は、親会社の物流管理と実際の物流業務を一括して受託し、他社の物流業務も取り込んで、親会社に効率化の効果を還元するために設立されています。

　親会社には、物流子会社と一緒に生産性を向上させ、コスト削減を進めることが求められます。それは、物流子会社の売上と、親会社が子会社に支払う物流費は同じになるためです。

　また、親会社としては、物流子会社が他社の物流業務を受託するにつれ、親会社から見ると使い勝手の悪い面が出てくることも認識しておく必要があります。これは、他社の業務を行うためには、これまでのように親会社の業務のみを優先できなくなるからです。

物流子会社の再評価

　上記の面だけを見ると、物流子会社の重要性は高くないと考えられますが、昨今の物流を取り巻く環境下では別の見方もできます。現代の物流はコストアップ抑制と安定稼働がテーマとなっているため、物流子会社があることが有利に働く場面があります。企画力のある物流子会社は現在の環境に迅速に対応でき、実務部

048

▶ 物流子会社の主な目的

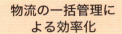

- 物流の一括管理による効率化
- 物流の管理レベルの向上
- 物流コストの明確化
- 人材の受け皿
- 物流業界の賃金体系の採用

▶ 物流子会社のシェアの低下

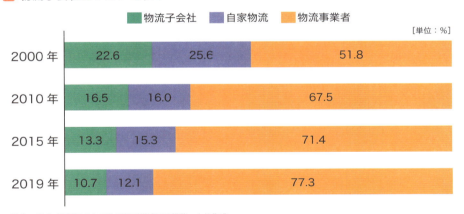

出典：JILS「物流コスト支払形態別構成比の推移」より作成

門を持っている場合は物流サービスを安定的に提供できるため、親会社にとってアドバンテージとなります。物流子会社のある親会社は、物流子会社の実力を再評価し、活用を検討することが必要です。

Chapter2
10

サードパーティ・ロジスティクス（3PL）

荷主の物流部門を代行する
サードパーティ・ロジスティクス（3PL）

サードパーティ・ロジスティクス（3PL）の体制を構築することは、コスト削減だけではなく、物流体制の維持・高度化や本業集中などのメリットがあります。ここでは3PLの考え方と特徴を紹介します。

サードパーティ・ロジスティクス

1990年代初めに海外で登場し、1990年代後半に本格的に日本に導入された。3PLについては「総合物流施策大綱」で定義されているが、実際には元請物流事業者を3PL事業者と呼ぶなど、まだあいまいに使われているのが実態。

物流戦略のパートナーとしての役割を果たす3PL

サードパーティ・ロジスティクス（3PL）とは、荷主企業に代わって効率的な物流戦略の立案や物流システム構築の提案を行い、それを受託して実現することをいいます。一般的に、荷主主導がファーストパーティ、物流事業者主導がセカンドパーティ、どちらでもない第三勢力がサードパーティとして考えられています。つまり、荷主でも物流事業者でもない第三者が、アウトソーシング化の流れの中で物流部門を代行し、高度な物流サービスを提供します。3PLを理解するためのキーワードには、「荷主の立場」「戦略的パートナー」「ロジスティクス領域」の3つがあります。

荷主の物流部門を代行するのが3PLですから、荷主の立場から考えることが必要です。また、従来の荷主と物流事業者の上下関係とは異なり、3PLは荷主と一緒に活動を行う戦略的パートナーであり、Win-Winを目指す関係です。さらに、その活動範囲は物流だけではなく、生産や販売も含めたロジスティクス領域が対象となります。そのため、業務の対象領域は広くなり、具体的な物流業務もあれば、ロジスティクスやサプライチェーンを最適に保つための改革や改善といった企画業務も含まれることになります。

3PLは物流体制を高度化するための一手段

3PL体制を構築する主な目的は、「コスト削減」「最適な体制の維持・高度化」「本業集中」にあります。コスト削減は、物流の領域だけではなく、生産や販売を含めたロジスティクスの領域を対象とするため、従来の物流部門が単独で進めているものとは異なるコスト削減が期待できますが、これだけがねらいというわけではありません。3PL事業者により業務運営や業務管理、改革・

050

3PLの特徴

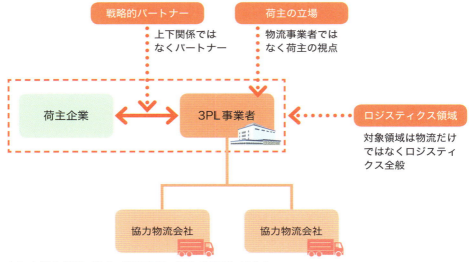

出典：中谷祐治『間違いだらけの物流業務委託』（日刊工業新聞社）より作成

3PL体制構築のねらい

改善の推進などが実施されると、ロジスティクス全体の最適な体制維持や高度化が実現します。また、受注、在庫配置、**移庫**指図などの物流部門の日常業務を委託することで、戦略や企画の立案などの本来行うべき業務に貴重な人材を投入できます。このように、3PLは物流からロジスティクスやサプライチェーン・マネジメントなどへ高度化するための一手段ととらえることが重要です。

移庫
物品を別の倉庫に移しかえること。「くらうつし」ともいう。

元請と3PLの違い

事業者視点の元請物流事業者と荷主視点の3PL事業者

ここでは3PL事業者と元請物流事業者や物流子会社との違いを解説します。3PL事業者と元請物流事業者や物流子会社とは、視点や考え方が異なることを理解し、3PL活用に結び付けていくことが重要です。

元請物流事業者と3PL事業者の視点の違い

輸送モード
モードとは輸送機関のことで、一般的にはトラック、船舶、鉄道、航空機のこと。

元請物流事業者とは、複数の物流機能や輸送モードを組み合わせてサービスを提供する物流事業者のことです。自社以外の協力会社のサービスも組み込み、一つのサービスとして提供するのが特徴です。

物流事業者は、高度経済成長期において、受託業務を安全・確実・迅速に行うことで評価されたため、企業体質は受身型です。これに対し、元請物流事業者は、幅広い業務を受注するため、積極的に提案活動を行うなど、提案型の企業体質が構築されています。

荷主に提案を行い、さまざまな分野の事業を手掛けることは3PLに似ていますが、元請物流事業者と3PL事業者では決定的な違いがあります。元請物流事業者は、事業者の立場で売上や利益のために提案し、業務を受注しようとします。一方、3PL事業者は、荷主の立場で提案し、改革や改善を行うため、従来の荷主と物流事業者の関係とは180度視点が異なります。

物流子会社は3PLの実力があるかを評価する

物流子会社
→P.48参照

親会社の物流部門の業務のうち、物流子会社に物流の管理や改善の推進、在庫の配置計画や補充指図の実施などの業務を委託し、親会社は戦略の企画・立案などに注力すれば、物流子会社が3PLとしての機能を果たしているように見えます。

しかし、物流子会社が3PLとして機能するためには、物流の実業務などを行うと同時に、それらを管理し、改善や高度化まで実現していくことが求められます。したがって、物流子会社の3PLとしての実力を正しく評価し、運用を考えなければいけません。

▶ 元請物流事業者と3PL事業者の委託関係の違い

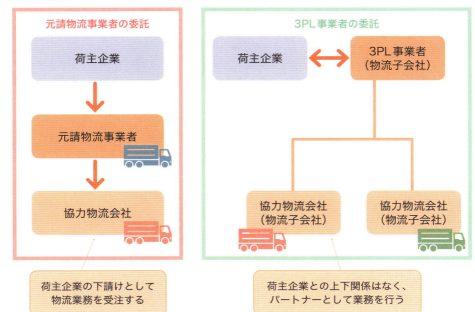

出典：中谷祐治『基本がわかる実践できる 物流（ロジスティクス）の基本教科書』（日本能率協会マネジメントセンター）

▶ 物流子会社の対象業務の領域

	実務	管理・改善	企画
物流事業者と同じ物流子会社			
3PLになりうる物流子会社			

　このように3PLと元請物流事業者や物流子会社の違いを理解することは、3PL活用のために必要不可欠です。

Chapter2
12

経営資源を持たない物流事業者

トラックや倉庫を持たずに事業を行う物流事業者の形態

物流事業に必要な輸配送手段や倉庫などを持たず、ネットワークや専門知識などを活用して事業を行う形態があります。これらの事業者は、自社の経営資源に拘束されず、荷主に最適な物流サービスを提供しています。

ネットワークや専門知識を活用するノンアセット型

3PLは「アセット型」と「ノンアセット型」の2種類に大別されます。アセット型の3PLは、自社で保有しているアセットを用いて物流サービスを提供するもので、ノンアセット型の3PLはアセットを持たず、物流の専門知識と、外部の輸送事業者や倉庫事業者のコーディネーションにより、物流サービスを提供するものです。

ノンアセット型の3PLは、自社の資産を用いる必要がないので、荷主にとって最適な物流拠点の設置や輸配送手段の選定など、自由度の高い物流企画の立案が可能です。また、荷主では難しい複数の物流事業者の選定や契約内容の精査などにおいても、3PL事業者の物流のネットワークや専門知識などを活かし、物流全体のサポートを行うことができます。

3PL事業者は拡大傾向にありますが、市場の構造はアセット型の大手3PL物流事業者を頂点にしたピラミッド構造となっています。中小のノンアセット型の3PL事業者は、「入札や初期提案時に収益が得られない」「システム投資の負担が大きい」「企画・提案のために一流スタッフやシステム構築が必要」などの状況により、参入が難しいためです。

ITを活用したシステムを運用する企業

近年のITの進展により、Web上で運送会社の空車情報と荷主の貨物情報を共有し、車両手配や貨物確保などを行う「求車求貨システム」を運用するノンアセット型の企業が注目されています。この求車求貨システムは、「掲示板タイプ」や「エージェントタイプ」などがあります。求車求貨システムは、トラック稼働率や

アセット
トラックや倉庫、情報システムなど、企業が保有している資産のこと。

掲示板タイプ
事業者が情報を直接書き込み、当事者間で取引を行うもの。

エージェントタイプ
書き込まれた情報を運営会社が管理し、運賃決定や取引相手の紹介などを行う。

物量波動
日単位や週間単位で生じる物量の変化、たとえば衣料品の夏・冬セールなどの催事によって出荷量が増加する状況などのこと。

054

ノンアセット型の物流事業者の強み

ノンアセット型3PL
資産を保有せず物流の知識やノウハウを提供する

- 荷主企業の物流部門として物流の企画・戦略を提案、実行
- 荷主企業の要求する物流サービスに投資を行わずに対応することが可能
- 物流の企画・戦略を実行できる物流業者を選定することが可能
- 荷主企業を取り巻く環境変化に対し、物流体制を柔軟に再構築することが可能
- 物量波動や取扱貨物の種類変更にも柔軟な対応が可能

求車求貨システムの概要

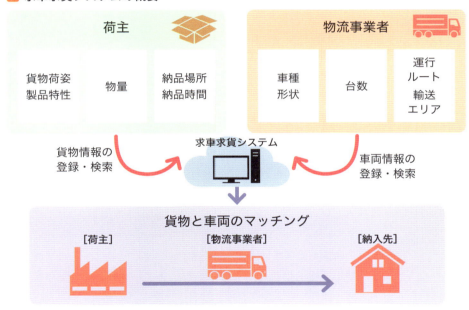

積載効率の向上によるドライバー不足の解消、渋滞緩和、CO_2排出抑制などの社会環境にも貢献するものです。物流団体などもシステムを開発していますが、運送会社と荷主との取引の信頼性、物流サービスレベルの確保などの課題があり、成約件数が大きく伸びていない現状もあります。

Chapter2

13

物流の周辺事業

外部委託により
人材不足解消と収益向上を実現

人材不足や通信販売の拡大など、物流業界を取り巻く環境は大きく変化しています。物流事業者はロジスティクス機能を強化しながらも、他業種へサービス領域の拡大を進めています。ここではその一部を紹介します。

物流事業者が進出する物流の周辺事業

物流の周辺事業には、物流事業で使う備品や設備などを販売する「商事事業」、トラックの車両点検や修理などを行う「車両整備事業」、物流事業を円滑に進めるための「情報システム開発事業」、業務従事者の「人材派遣事業」などがあります。物流事業者が、これら関連事業へ進出することも増えています。

商事事業には、エネルギー事業、物流設備事業、IT機器事業などがあります。エネルギー事業は、業務車両で使用するガソリンや軽油、倉庫で使用する重油や灯油など、燃料の調達や販売を行います。物流設備事業は、倉庫に必要な設備の選定と販売を行い、倉庫運用までコーディネートします。IT機器事業は、倉庫で必要なIT機器やソフトウェアなどを販売し、運用システムを構築します。また、車両の安全管理に必要なデジタルタコグラフなどの機器も販売しています。

周辺事業への進出は異なる業種にも広がる

車両整備事業は、物流事業者の車両管理の負担を軽減するため、物流事業者に代わって整備を行います。そこで培った点検・整備・修理などの整備技術や独自の設備などが全国に拡大し、別の物流事業者や一般ユーザーなどへ事業を展開することもあります。

情報システム開発事業には、荷主や商品の特性に応じた物流システムの構築、物流ソフトの開発、他業種のシステム構築などがあります。また、ハードウェアやシステムなどを一括でアウトソーシングする企業には、データセンターの提供なども行います。

人材派遣事業は、物流の専門知識やスキルを持つ作業員や事務職などを提供します。多様な業種と交流のある物流事業者の特性

デジタルタコグラフ
国土交通省は交通事故を削減するため、大型車、事故率の高い車両総重量7～8トン（最大積載量4～5トン）の事業用貨物自動車に、タコグラフ（運行記録計）の装着を義務づけている。このタコグラフのデータをもとに、スピード違反などの交通事故の原因を把握している。

▶ 物流の周辺事業の代表例

商事事業

エネルギー事業
大手石油元売会社など石油系クレジットカードの取扱い

軽油のタンク設備を保有する事業者へタンクローリー配送での燃料販売

物流設備事業
ラック、パレット、リフトなどの倉庫内設備の販売

電源、通信、照明などの倉庫内環境機器の販売

梱包材、ラベルなどの運用資材の販売

IT機器事業
パソコン、プリンター、周辺機器などの販売

無線システム、ハンディスキャナー、ピッキングカートなどのIT機器の販売

IT機器の運用システムの構築

車両整備事業

トラックやトレーラーの車両点検、修理、架装などの整備

フォークリフトの点検、整備

板金、塗装、消耗品交換などのカーメンテナンス

一般自家用車の車両点検、整備

情報システム開発事業
物流システムの構築や物流ソフトの開発・販売

公共機関など他業種のシステム構築

ハードウェア・システム運用を一括したデータセンターの提供

人材派遣事業
物流の作業員、一般事務職などの人材派遣

人材紹介やマッチングサービス

コネクトセンター
通信販売などの運営代行

問い合わせ窓口や受注受付などのインバウンド業務

アンケート調査やテレマーケティングなどのアウトバウンド業務

第2章　移り変わる物流会社の役割

を活かした人材紹介・マッチングサービスを行っています。

　コネクトセンターは、ネット通販や通信販売などの運営代行、受注受付などの**インバウンド業務**から、アンケート調査などの**アウトバウンド業務**まで、業務全般のサポートを行います。

　今後、このような異なる業種の経営資源の活用や協働などを行うことで、人材不足などを補い、収益向上にも貢献するという相乗効果が期待されています。

インバウンド業務
顧客からの電話でのお問い合わせ応答や、クレーム対応などを行う業務。

アウトバウンド業務
企業から顧客へ電話などで商品やサービスの情報を発信し、新規顧客の獲得や既存顧客のフォローなどを行う業務。

057

COLUMN 2

パクス・ブリタニカも物流から。 世界の覇者は物流を制す

18世紀後半に産業革命に成功したイギリスは、世界の工場となり凄まじい勢いで経済が発展し世界を変革したことはよく知られています。さらに、この産業革命が、あの有名なロンドンの霧に関係しているということが、20世紀に入っての研究でわかってきました。産業革命による石炭燃料の急増が原因だといわれています。中国の大気汚染もそうですが、高度成長期の日本でも光化学スモッグ警報がよく発令されていました。

このように工業化が成功すると、公害も引き起こされるとはいえ、大きな利益が生まれます。しかし、利益を生むためには買い手が必要です。そこで生み出された製品を販売しなければいけません。そして販売するためには売れる場所まで輸送することになります。19世紀以降、この海運業の収入がイギリス経済に大きく寄与しました。産業革命で生まれたイギリスの蒸気船が世界の海を制覇しました。海運業で得られた利益は、工業製品によって得られた利益を大きく上回りました。世界の物流

を支配したイギリスは、物流をますます重視するようになり、パクス・ブリタニカ（イギリスによる平和）の時代を実現したのです。

飛躍的成長を遂げた国は、例外なく海を支配した国です。ポルトガル、オランダ、そして無敵艦隊と恐れられたスペイン。そして、そのスペインを打ち破ったイギリス。制海権を手中に収め、軍事・通商・物流、すべての分野で頂点に立ち、文字通り七つの海を制覇しました。

なぜ海の支配が物流にとって重要だったのでしょうか？ 当然、海は世界につながっています。そこに大型の船を浮かべると一挙に大量の貨物を世界中に運ぶことができます。それに対し、陸上輸送は大量輸送が可能な海上に比べ、はるかにコストがかかりました。

当時、列強各国は海軍と海運に力を注ぎました。海を制する者が世界を制することができたからです。別の見方をすれば、海を制した者が物流を支配することができたともいえます。そして、海と物流を制したイギリスが世界の覇者となったのです。

058

第3章
物流担当者が知って
おくべき基礎知識

物流事業には大きく分けて運送業と倉庫業があり、そ
れぞれ違う役割を持ちます。この章ではコストとサー
ビスの関係性を確認しながら、各事業者がどのように
収益をあげていくのかを見ていきましょう。

Chapter3
01

潜在化しがちな物流コスト

一般の企業でも重要な物流コストの管理

物流コストの管理は企業経営にとって重要課題ですが、すべての物流コストをきちんと把握している企業は多くありません。物流コストの削減を図るには、潜在的な物流コストにも目を向けることが重要です。

物流コストを把握している企業は少ない

　売上や利益、原価などに関する指標は、**財務会計**や**管理会計**などのシステムに組み込まれており、すぐにデータを引き出せるようになっている企業が多いでしょう。しかし、物流に関しては、一部の指標しか把握していない企業は少なくありません。たとえば、**支払い物流コスト**などの指標に基づいた管理に留まっていることが多く見受けられます。

　自社で物流業務を行わず、アウトソーシングしているのであれば、物流コストは外注先に支払われた物流費がすべてと考えがちですが、大半の企業は自社で何らかの物流業務を行っています。たとえば、メーカーにおいては、「製造工程から仕掛品を運搬する」「製品を一時保管する」などは物流業務にあたりますが、実際は製造工程の担当者が運搬・保管を行うことが多いため、その費用は製造費に含まれる傾向にあります。また、原材料を購入した際の費用は「購買費」として計上されますが、これには原材料を調達するための輸送費も含まれています。これらは本来、製造費や購買費などからは切り離し、「製造物流費」や「調達物流費」などとして管理されるべきものです。

物流コストの管理はコストの把握から始まる

　このように、会計上は「外注先に支払った物流費」のみが注目され、「社内などでの輸送に発生した費用」は見えにくくなりがちです。この潜在的に発生している物流コストを把握し、削減を図っていくことが、物流コストを管理するうえで重要です。

　物流戦略を経営課題とする企業が増えていますが、物流のパフォーマンスをきちんと測定し、管理している企業はまだ少ないの

財務会計
経営状態を外部の利害関係者（ステークホルダー）へ開示するために、統一の基準である財務諸表をもとに作成され、公表される。

管理会計
現状把握や経営判断を行うため社内で用いることを目的として作成される。そのため、作成の形式やルールには特に制限がない。

支払い物流コスト
トラック/鉄道/船舶/航空などを利用した場合に支払う運賃、営業倉庫の利用料金、包装などの作業を社外に委託した場合に支払う委託料など、外部事業者に支払った物流コストを指す。

横待ち
社内での工場や店舗などの間で行う商品移送のことをいう。

▶ 調達や生産にも物流コストが発生

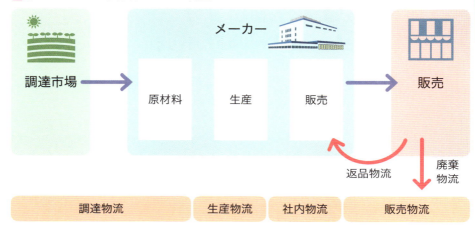

▶ 生産物流や社内物流の費用を圧縮する対策

生産物流
原材料の運搬、仕掛品の運搬や保管などは、製造原価とは別に、「製造工程で発生する物流＝生産物流コスト」として明確化する

社内物流
製品や商品あるいは書類の、場内倉庫もしくは場外倉庫への横持ちやその積降ろしなどは、製造や販売に含まず、「社内で発生する物流＝社内物流コスト」として明確化する

これら潜在化している物流コストを見えるようにすることにより、課題が把握され、適切な効率化策を打つことができる

が現状です。物流コストの管理において重要なことは、すべての物流コストを把握し、「可視化」することです。そこから物流コストの管理が始まります。

Chapter3
02

販売価格と物流費の関係

物流費の圧縮により
販売価格の削減が可能

日本の場合、販売者側が輸配送を行うため、運賃込みの販売価格になっていることが一般的です。物流担当者は、販売価格と物流費の関係を理解しておくことが必要です。

販売価格のしくみ

　流通とは、生産者によって生産された商品が中間事業者を経由して消費者まで届ける一連の流れのことで、その中には「商流」と「物流」があることは1-02（P.14）で解説しました。この商流と物流は切っても切れない関係です。

　日本では、販売者側が輸配送を行い、運賃を負担するのが一般的です。購入者側にとっては、物流費込みの販売価格となっています。

　身近な通信販売を見ると、販売価格に送料が含まれている場合があります。もしくは、「配送費無料」「一定額以上の購入で配送費無料」という場合もあります。この場合、消費者には「配送費は0円でお得」という印象を与えますが、実際には運賃も含まれています。たとえば、10,000円の商品を買った場合、「商品代金10,000円＋配送費0円」と表示されていても、物流費が含まれているので「商品原価9,000円＋配送費1,000円」という構成になります。物流担当者は、商流上の表記に惑わされることなく、物流のコストを見ていくことが必要です。

販売価格と物流費の関係

　また、通信販売の場合は、顧客への配送は宅配便が中心ですが、一般企業では、小口の出荷だけではなく、大口の出荷もあります。たとえば、トラック満載で運べる大口の出荷の場合、効率的な配送ができることから物流コストは安くなります。このような場合、商流上の価格を下げることができますが、これは物流コストの削減が寄与していることになります。

　このように物流費込みの販売価格の場合でも、商品原価と物流

062

▶ 販売価格と物流費の関係

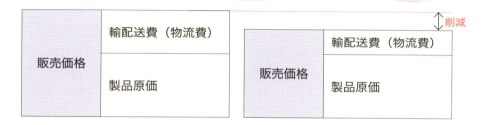

- 販売者側が輸配送の運賃（物流費）を負担している
- 販売価格には輸配送費（物流費）が含まれている
- 物流費の見直しにより販売価格を抑えられる可能性がある

▶ 輸配送費のしくみ（宅配便を事例に）

配送物サイズが大きくなればなるほど単位あたりの運賃は下がる

費を分けて考えると、物流費の圧縮により販売価格の削減に寄与することができます。物流担当者は、商流と物流の関係を理解しておくことが必要です。

Chapter3
03

物流サービスと物流コストの関係

物流事業の運営はサービスと
コストで考える

日本の物流サービスの品質は、世界各国と比べて高い水準であるといえます。
ここでは日本と海外の物流サービスの違いについて解説し、今後考えるべき
課題を取り上げます。

日本の物流は高サービス高コストが一般的

　日本の物流サービスの品質水準は、世界各国と比べてトップレベルにあるといえます。日本では、注文した商品が翌日に届くうえ、きめ細かな着時間指定もあり、留守のときでも再配達をしてもらえます。これは個人向けの宅配便だけではなく、企業間の物流においても同様です。注文から出荷までの短いリードタイム（P.26）、端数単位でのバラ出荷、丁寧な梱包、時間指定のある小口納品など、日々提供されるこれらのサービスは、海外ではあまり行われていません。

　海外で日本の物流サービスが取り入れられない理由は、コストとサービスがトレードオフ（P.21）の関係にあることが理由です。海外では低サービス低コストが一般的なのに対し、日本では高サービス高コストが一般的となっています。たとえば、多頻度小口配送や時間指定配送では、毎日200kgの注文で午前9時の時間指定の場合と、月1回の注文で4トン車満載かつ2運行目の午後着でもよいという場合に、物流コストを比較すると大きく異なるのは自明です。極端な例ですが、多頻度小口配送を少しでもまとめたり、時間指定を少しでも緩和したりすることで、生産性が向上し、コスト削減につながります。

サービスとコストのバランスを考える

　顧客サービスの品質を高めることは販売戦略上重要ですが、顧客の要求にすべて応えることと、顧客サービスの品質を高めることとは異なります。顧客の要求に対し、いくつかの選択肢のある物流サービスを提案することが真の顧客サービスといえます。そのためには、サービスとコストの関係やバランスの取り方につい

064

▶ 物流サービスと物流コストの関係

物流サービス	物流サービスにかかるコスト
注文締切時間の延長	締切り後、短い時間内に出荷から積込みを行うため増員
納入着時間指定の増加	同方面で同載可能な荷物が同載できず積載率がダウン
納品先でドライバーが荷降ろし	ドライバーの長超過勤務の原因になり超勤代がアップ

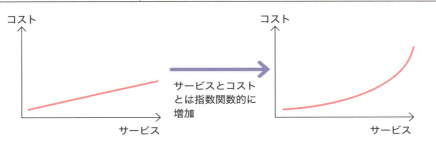

サービスとコストとは指数関数的に増加

▶ 出荷ロットの小口化の推移

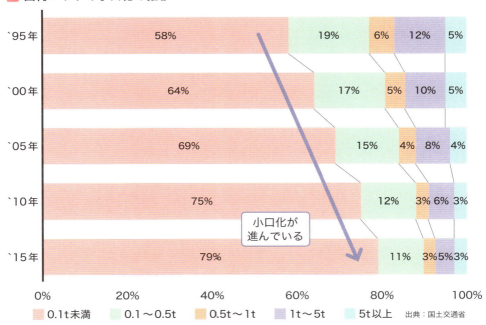

出典：国土交通省

て認識し、本当に必要なレベルのサービスと、それに合わせた適正な物流コストによる運営を目指すべきです。

物流コストとは
顧客サービスを高めて配送コストを下げる経営戦略

日本の物流サービスは世界トップレベルです。しかし、サービスは無料ではなく必ずコストがかかっています。ここでは、トレードオフの関係であるサービスとコストの関係について解説します。

物流におけるサービスとコストの関係

サービスとコストはトレードオフの関係にあります。トレードオフとは、一方を追究すると、もう一方を犠牲にしなければならない関係や状態（二律背反）のことですが、物流においてはサービスとコストにそのような関係が存在します。

たとえば、小口配送では、顧客サービスを向上させるために配送頻度を上げると配送コストが増加します。しかし、配送コストが増加しても、そのサービス向上により販売促進につながる可能性があります。

また、消費地拠点（デポ）の数では、3か所のデポを所有している場合と、1か所しか所有していない場合とでは、前者のほうが倉庫の在庫管理費は大きくなります。しかし、トラック運賃（デポからの配送費とデポへの供給費の合計）と品切れ損失の低減のほうが大きくなる場合、3か所のデポを所有したほうが有利となります。この場合、倉庫費と在庫管理費の増加は、運賃と品切れ損失の低減とトレードオフの関係にあります。

物流コスト戦略の課題

サービスとコストのトレードオフにおいては、最小のコストで最大のサービスを提供することが目指すべき姿となりますが、最適解を出すことは非常に難しい課題です。物流は部門横断的な機能を持っているため、顧客サービスにどれだけの費用をかけるべきかなど、販売・生産・財務を考慮した物流戦略、特に物流コスト戦略の立案は、極めてレベルの高い経営戦略的課題です。

物流サービスの設計にあたっては、あちこちにあるトレードオフの関係を整理し、最適なバランスを考えていくことが重要です。

▶ 物流事業者がさらされるトレードオフの例

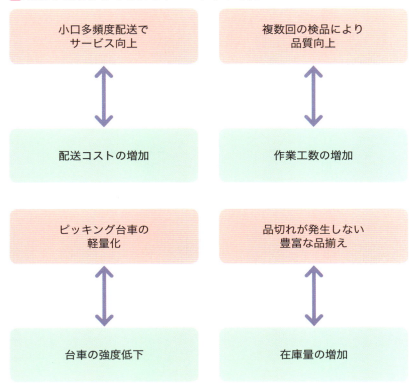

▶ 物流コスト戦略の具体例

コストリーダーシップ戦略

競合各社を下回る水準にコストを引き下げて競争優位を確保する戦略のこと。
マクドナルドやユニクロなどが成功している。

●物流においてのコストリーダーシップ戦略とは
コストを引き下げる際に「保管」や「配送」など、単体での単価ダウンだけで終わらせないことが重要。これは、単体での競争優位は参入障壁が低く、必ず競合他社が参入してくるため。

Chapter3
05

物流コストは上流から考える

物流コストの削減につながる顧客対応の見直し

上流で決められた顧客対応の基準により、下流の輸配送業務や倉庫業務などが制約され、効率化が図れないことがあります。物流コストの改善を図るには、営業部門とともに、顧客対応の基準を見直すことが大切です。

注文方法や配送方法などを決めてコストを削減

フレーゼル博士
（Edward H. Frazelle）
世界最大のロジスティクス教育・調査機関であるジョージア工科大学ロジスティクス研究所の創立者であり、ロジスティクスの教育者として、これまでに50,000人以上の経営者、実務者に最先端理論・実務の教鞭をとる。

端数出荷
パレット単位やケース単位での出荷に対し、ケースを開封してケース内の小箱や小袋もしくはバラで出荷すること。作業の手間がかかるだけでなく、検品や在庫管理が煩雑になる。

物流コスト削減の考え方は、フレーゼル博士の「物流コストを決める核は顧客サービス方針（Customer Service Policy：CSP）」が参考になります（図）。左側が上流、右側が下流にあたり、上流で決めたことを基準として「輸配送」「倉庫」などの管理レベル、備える機能などが決定します。

たとえば、出荷当日の午後の注文締切りを出荷前日の注文締切りに変えると、入出荷業務や配車業務などに余裕ができ、効率的な作業方法を考えて工夫しやすくなります 。また、ケースの中の端数出荷が前提で手間のかかる作業をパレット単位の出荷に変えると、保管機器やピッキング機器などにも費用がかからなくなります。配車の際も、ほかの貨物との積合せの可能性が高くなり、輸配送のコストを低下させられます。

営業部門とともに上流の顧客対応を見直す

上流と下流にはこのような相関性があるにもかかわらず、物流担当者が物流改善を考えると、輸配送業務や倉庫業務にばかり関心が寄せられ、上流にはなかなか目が向けられません。しかし、営業部門とともに、CSP（顧客サービス方針）をもとに、最低販売単位、注文締め時間、着時間指定の緩和 など、上流の「顧客対応」を見直すことで、下流の「輸配送管理」や「倉庫機能」にかかるコストが大きく変わります。すなわち、物流の制約条件が緩和されることで、より効率的な工夫が可能となり、大幅なコスト削減が実現できます。

毎年、コスト削減を達成している企業では、営業部門の責任者が物流改善のプロジェクトに出席します。そして、営業部門の責

物流の意思決定レベル

上流		ロジスティクス		下流
顧客対応	在庫管理	供給	輸配送管理	倉庫機能
顧客サービス方針（CSP）	需要予測	サプライヤー基準	ネットワークデザイン	入荷
顧客満足	発注量管理	サプライヤーの選択	出荷管理	格納
受注入力	在庫充足率計画（在庫回転率）	サプライヤーとの統合	使用業者管理	保管
受注処理	在庫コントロール	サプライヤーへの注文	物流資産管理	ピッキング
請求／回収	在庫配置計画	購買・支払い	支払運賃管理	出荷

顧客サービス方針の見直しは、コストアップとなっている制約条件の見直し

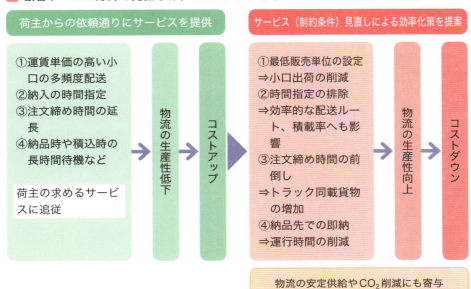

荷主からの依頼通りにサービスを提供
①運賃単価の高い小口の多頻度配送
②納入の時間指定
③注文締め時間の延長
④納品時や積込時の長時間待機など

荷主の求めるサービスに追従

→ 物流の生産性低下 → コストアップ →

サービス（制約条件）見直しによる効率化策を提案
①最低販売単位の設定
⇒小口出荷の削減
②時間指定の排除
⇒効率的な配送ルート、積載率へも影響
③注文締め時間の前倒し
⇒トラック同載貨物の増加
④納品先での即納
⇒運行時間の削減

→ 物流の生産性向上 → コストダウン

物流の安定供給やCO_2削減にも寄与

任者は、プロジェクトの責任者から販売方法について追及されます。物流コストの削減が計画通り進まないのは、物流部門だけではなく、営業部門にも関係しているのです。

Chapter3 06

輸送で利益を生む

運送業で最もメジャーなトラック輸送 その機能と役割

トラック輸送は、機動性と利便性を兼ね備えた特性を活かし、国内総輸送量の９割を占める最もメジャーな輸送手段となっています。ここでは物流ニーズに柔軟に対応する貨物自動車運送事業についての機能と役割を紹介します。

国内貨物輸送量の９割を超える貨物自動車運送

　商品を生産者から消費者に届けるまでにはさまざまな活動があり、その一つとして物流活動を提供する物流事業者が存在します。物流事業者の事業としては、主に「運送業」と「倉庫業」に大別できます。

　「運送業」では、トラック、鉄道、船舶、航空など、さまざまな輸送手段を使って物流が行われます。中でも「貨物自動車運送」は、全日本トラック協会の調査によると、国内貨物輸送量の９割を超え、物流の重要な役割を担っています。貨物自動車運送の取扱物量が多い理由は、発地から着地までドアツードアで輸送できること、多頻度少量配送、出発時間や納入時間などのニーズに柔軟に対応できることなどが挙げられます。

運送効率を上げて付加価値の高いサービスを提供

　貨物自動車運送事業は、トラックという経営資源をいかに効率よく活用し、付加価値の高い物流サービスを提供できるかが重要です。運送業務での効率化は、運送効率となる「実車率」「積載率」「稼働率」を向上させることが基本です。たとえば、長距離輸送では、往路だけではなく復路も輸送を行うことで、空車での走行が削減され、実車率を上げることができます。また、配送先が同じ複数企業の貨物を一括で配送する「共同配送」などを行うと、積載率を上げることができます。さらに、ドライバーの乗換えや貨物の一時保管を行う中継拠点の設置など、中継輸送ネットワークを構築することで、稼働率を上げることもできます。

　貨物自動車運送は、荷主からの貨物をより早く、より正確に届けることが使命ですが、通信販売の拡大による少量多品種の輸送

実車率
トラックの総走行距離のうち、実際に貨物を積載して走行した距離の割合。

積載率
トラックの最大積載重量に対し、実際に積載した貨物の重量の割合。

稼働率
運行可能な総日数のうち、トラックが実際に稼働した時間や日数の割合。

共同配送
複数の荷主や物流企業が共同しながら集貨や配達をすること。複数の荷主が共同して特定の輸送事業者を利用する荷主の共同配送と、複数の物流企業が一つのトラックやコンテナを互いに利用しあう輸送事業者間の共同配送の２種類に分けられる。

▶ 輸送手段別の輸送効率向上の具体例

トラック
- 荷待ち時間短縮による稼働率の向上
- 中継輸送による実車率、稼働率の向上

船舶
- フェリーでの船舶モーダルシフトによる長距離大量輸送

鉄道
- 復路貨物を必要としない長距離大量運送
- 到着駅の無料留置をストックポイントとして活用

航空機
- 長距離の輸送日数が短く、時間の経過で価値の下がる商品を効率的に輸送

▶「ドライバー交替方式」による中継輸送

発地から着地までの工程を複数のドライバーで分担する

増大、冷凍・冷蔵品の需要増加など、自動車運送事業への新たなニーズも生まれています。一方、ドライバー不足の解消、長時間労働の改善、荷主の理解と協力が必要不可欠な運賃の適正化や荷待ち・荷役作業のルール遵守などへの対応も重要な課題となっています。

トラック運送の原価構成

原価構成の約半分が人件費で待機時間の削減などの対策が必要

どのような事業でも、原価の削減を図らずに収益を向上させることは難しいでしょう。原価削減のために、まずは原価構成がどのようになっているかを把握することが大切です。

トラック運送の原価構成の約半分は人件費

物流コストの中で最も割合が高いのが輸配送費で、物流コスト全体の6割近くを占めています。輸配送には、トラック、鉄道、船舶、航空など、さまざまな手段がありますが、トラックが全輸送量の9割を担っていることは3-06でも解説しました。

トラックの原価構成の中で最も大きなものは人件費であり、運送費に占める人件費と一般管理費に占める人件費を加えると全体の5割弱となります。さらに、最近のドライバー不足により、人件費は上昇を続けています。出発地での積込みや納品先での荷卸しなどの際にトラックが待たされている状況を目にしますが、物流コストの視点で見ると、非常に高価な待ち時間といえます。

しかし、これは物流事業者と発荷主だけで解決できる問題ではなく、納品先の着荷主も含めた検討が必要となります。

トラック運送の課題は待機時間を減らすこと

そこで2017年7月に、取引の適正化や働き方改革などのために、「貨物自動車運送事業輸送安全規則」（国土交通省）が改正され、荷主の都合により30分以上の待機時間が発生したときは、荷待ち時間にかかる情報を乗務記録に記載することになりました。また2019年6月からは、ドライバーが荷役作業や附帯作業などを行う場合も乗務記録へ記載することが必要になりました。また同年7月からは、「荷主の配慮義務」や「荷主勧告制度の強化」などの規定も新設されました。

このように荷主に対し、取引上の立場が弱い物流事業者のために、国もさまざまな対策を講じています。しかしながら、物流事業者の自助努力として、復路（帰り便）の貨物確保や他社貨物と

乗務記録
ドライバーの乗務実態を正しく把握し、過労や過積載の防止など安全運行を確保する目的でドライバー自身が記録する。運転日報ともいう。運行管理上の資料として一年間の保存が義務付けられている。

荷主の配慮義務
ドライバーの働き方改革に向け、荷主はトラック事業者が法令を遵守して事業を遂行できるよう、必要な配慮をしなければならない責務規定が、貨物自動車運送事業法に新設(2019年)された。

荷主勧告制度の強化
トラック運送事業者の法令違反行為に荷主の関与が判明すると、荷主名が公表されることが貨物自動車運送事業法に明記(2019年)された。

トラック運送の原価構成率の推移

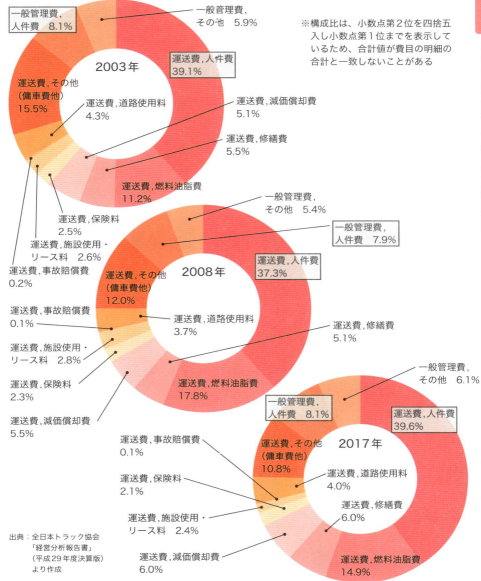

※構成比は、小数点第2位を四捨五入し小数点第1位までを表示しているため、合計値が費目の明細の合計と一致しないことがある

出典：全日本トラック協会「経営分析報告書」（平成29年度決算版）より作成

の積合せなど、いかに原価を上げずに収益を増やすかを追求することは当然のことです。単に"モノ"を運ぶだけでない「工夫」を凝らしていくことも、今後の物流事業者に求められています。

Chapter3
08

物流センターの原価構成

原価構成の40%が人件費で省力化や自動化が進められている

物流センターの費用は、輸配送費に次いでコストがかかっており、削減策が求められています。物流センターを改善するには、まず原価を把握したうえで、収支を管理していくことが必要です。

全体の2割近くを占める物流センターの費用

物流コストの中で、輸配送費に次いで割合が高いのが、物流センターの費用です。物流コスト全体の2割近くを占めています。したがって、輸配送とともに、物流センターの効率化を図ることが重要となります。

物流センターは、輸配送費と異なり原価構成はバラバラです。それは、それぞれの物流センターの機能や規模、自社物件か賃借物件か、扱う貨物、機械化の状況、社員・パート作業員などの人員構成により、費目が大きく異なるためです。

物流センター改善の第一歩は収支の管理

平均的な物流センターの原価構成（試算値）を見ると、運営コストの労務費が大きく、人件費が40％となっています。また、これはパート作業員主体のモデルですが、社員の比率が高ければパート作業員より社員のほうが人件費が高いため、さらに人件費は高くなります。物流は労働集約型の産業といわれますが、輸配送費や物流センターの費用の原価構成を見ると、人件費の割合が高くなっているのがわかります。

物流センターの改善には、これらの原価を把握したうえで、保管効率や作業の生産性などの実績をもとに、坪あたり（面積あたり）の収支や一人あたりの収支を管理する必要があります。そして、利益が増減したときに、何が原因で収支に影響を及ぼしたのかを分析することが重要です。さらに、物量の変動とともに、荷主条件が収支に及ぼす影響も理解しておくことが大切です。

今では無人運搬やロボットなどが稼動している物流センターも増え、事務所でもRPAなどのシステムを活用することで省力化

機械化の状況
今までは働き手が集まる以上、無理に自動化する必要はなかった。しかし現在、オーダー締切時間から出荷までのリードタイムが短くなり、かつピッキングロットも小口多頻度化してきており、対応が求められている。今後、多くの企業で自動化・省人化技術の導入が加速していく。

荷主条件
取扱商品の特性や要請されるサービスなど、物流の作業や保管に影響を及ぼす荷主側の諸条件のこと。

RPA（Robotic Process Automation）
事務系業務をソフトウェアに組み込まれたロボットが代行する技術。標準化されたルール通りに、正確に業務を遂行するが、RPA自体で「意思決定」することはできない。

074

▶ 物流センターの原価構成の例

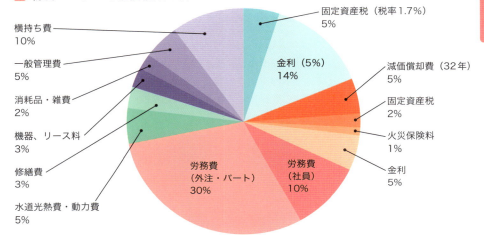

出典：公益社団法人 日本ロジスティクスシステム協会

▶ 物流センターの省力化・自動化の必要性

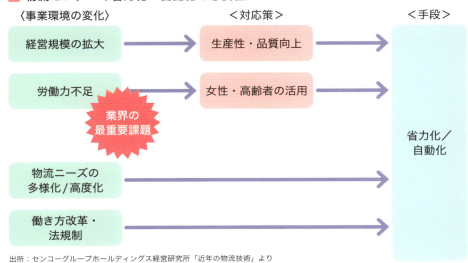

出所：センコーグループホールディングス経営研究所「近年の物流技術」より

が図られています。現在は人件費の占める割合が大きい物流センターの費用ですが、今後は省力化や自動化により、原価構成が変わってくると考えられます。

Chapter3
09

物流管理とは

物流管理とは物流業務全般を
管理すること

物流管理とは、顧客（荷主）から依頼された商品を、適切な対応により確実
に届けるしくみを管理することです。物流管理はPDCAサイクルを回して
行い、8つの重要項目を押さえておきましょう。

PDCAサイクルで物流全般を管理する

　顧客から依頼された商品を、適切な時期（納期）に、適切な場
所へ、適切な品質で、適切な価格で、確実に届けます。そのため
に必要とされるのが「物流管理」です。管理というと「在庫管理」
や「コスト管理」を思い浮かべがちですが、それだけではなく、
業務全般を管理することを指します。

　物流全般を管理するためには、計画を立て、結果を確認し、改
善を行う必要があります。つまり、物流管理とは、物流の領域で
PDCA（Plan-Do-Check-Act）サイクルを回すことです。

　日々の実務では、問題があれば即改善する、短期間での管理が
求められます。これは、管理のサイクルが短いほど早く異常に気
づき、迅速に対処できるからです。期間別に見ると、実務は毎日、
企画は短期、戦略は中期のように対象期間が異なります。

物流管理に必要な8項目

　日々の物流管理には、押さえておくべき8つの項目があります。
何よりも優先される安全（Safety）、顧客との取り決めによる品
質（Quality）、サービスの対価（Cost）、サービスの納期
（Delivery）、物流現場の生産性（Productivity）、モチベーション
の維持や向上のための士気や人間関係（Morale）、公共施設を利
用するうえで配慮すべき環境（Environment）、予期せぬ事態へ
対応するリスク（Risk）の8項目です。

　これらを管理するうえで役に立つのが、品質管理で使われる
「QC七つ道具」です。問題点を整理するための「特性要因図」、
ABC分析などで利用する「パレート図」、相関やばらつきの度合
いを見る「ヒストグラム」「管理図」「散布図」、数値を視覚的に

ABC分析
多くの在庫を取り扱
うとき、それを在庫
の取扱金額または取
扱量の多い順に並べ
て、A、B、Cの3種類
に区分し、管理の重
点を決めるのに用い
る分析（出典：JIS）。

076

▶ QC 7つ道具を用いて何を行うか

QC7つ道具	解説
パレート図	現象や原因を明確にする
特性要因図	原因と結果の関係を整理する
グラフ	量の大きさ、割合の比較、時系列変化などの比較を視覚化する
管理図	バラツキなどにより工程が安定しているかを見る
チェックシート	確認すべきことを整理し、目的とするデータを正確にとる
ヒストグラム	データのばらつき状況を把握する
散布図	2つのデータの間にどんな関係があるか、相関関係を明確にする

▶ 物流管理の8つの重要項目

安全 (Safety)
何よりも優先すべきもの。特に大切なのは、危険や事故を未然に防いで発生させないこと

品質 (Quality)
取り決めたサービスレベルの達成度を数値で算出、評価

対価 (Cost)
管理会計を導入し、販売物流などの領域別、輸送や保管などの機能別に把握

納期 (Delivery)
必要なタイミングに必要な量が納品されているか。コストが安くても、この基本ができていなければ価値がない

生産性 (Productivity)
費用生産性（単位あたり円）と作業生産性（単位あたり出来高）に分けて把握

士気や人間関係 (Morale)
責任感、協調性などモチベーションの維持向上

環境 (Environment)
温室効果ガスの排出規制や、循環型社会に向けた3R（リデュース、リユース、リサイクル）の管理

リスク (Risk)
災害などに対し、防止策や起きたときの対処策の準備。BCP（事業継続計画）など

見やすくする「グラフ」、確認のもれを無くす「チェックシート」など、物流管理に活用できる7つのツールです。

物流管理は、物流で欠かせない業務であり、ここで紹介した8項目などを使って最適に管理する必要があります。

Chapter3 10

KPI（重要業績評価指標）による物流コストの把握

KPIとアクションプランにより
物流管理の達成度を評価

物流コストは、現状を把握するデータの一つです。ただ、これだけではコスト増加の原因はわかりません。物流コストに影響を及ぼす複数のデータを収集し、分析することが必要です。

KPI（重要業績評価指標）とは

KPI
（KeyPerformance Indicator：重要業績評価指標）

目標を達成するための重要な業績評価の指標を意味し、達成状況を定点観測することで、目標達成に向けたパフォーマンスの動向を把握できる。

KPI（Key Performance Indicator：重要業績評価指標）とは、物流のパフォーマンスを測定し、原因まで掘り下げた管理をすることにより目標を達成するために用いるものです。KPIを用いて測定と管理を行うことで、課題と原因が明確化され、正しいアクションにつながります。

KPIを用いた具体例

物流コストは現状を把握するデータの一つですが、それだけでは「なぜ物流コストが増加したのか」といった原因はわかりません。

たとえば、トラック輸送の「日次収支」が悪化した場合に管理指標を調べて「積載率」が低下していることがわかっても、原因を「積載率」の低下だと安易に結論付けることはできません。これは収支の悪化と積載率の低下には相関関係があるだけであり、次に積載率を低下させた原因を明確にする必要があるからです。そのため、掘り下げて調べていくといくつかの納品先への「配送頻度」は増えているのに、納品先への月次の出荷量に変化はなく、トラックの配送件数だけが増えているといったことがわかったとします。しかし、トラックが一日に配送できる件数は簡単に増やせません。その結果、配送量が減り、積載率が下がってしまったのです。総量が変わらず配送頻度が増えるということは、「出荷ロット」が少量化していると推測でき、「出荷ロット」を見ると、やはり前月より少量化しているということがわかります。

この結果から、トラック輸送の「日次収支」が悪化したのは、「出荷ロット」が少量化したことにより「配送頻度」が増加、そ

▶ KPI の例

	KPI	定義と備考
コスト・生産性	保管効率	**充填率＝保管間口数÷総間口数**
		倉庫や物流センターの保管スペースの保管効率を図る指標
	実車率	**実車率＝実車キロ÷走行キロ**
		車両のムダな空車走行を減らすために、稼働状況を計測する指標
	稼働率	**稼働率＝稼働日数÷営業日数**
		車両の非稼働を減らすために、稼働状況を計測する指標
	積載率	**積載率＝積載数量÷積載可能数量**
		車両の積載効率を改善するための指標。ルート別、顧客別などに把握し、車格の見直し、配車・ルート見直し、物流条件の見直しなどに活用される
品質・サービスレベル	棚卸差異	**棚卸差異＝誤出荷発生件数÷出荷指示数**
		在庫の紛失、盗難、誤出荷などによる帳簿在庫と実在庫の差異を計測し、在庫管理の改善に活用する
	クレーム発生率	**クレーム発生率＝クレーム発生件数÷出荷指示数**
		顧客クレームの発生率。書類のミス、作業者の挨拶・服装等サービスの官能評価にも用いられる
物流条件・配送条件	出荷ロット	**出荷ロット＝出荷数量÷出荷件数**
		輸送効率、庫内作業効率などを改善する観点で、顧客別・納品別の出荷ロットサイズを計測するもの
	配送頻度	**配送頻度＝配送回数÷営業日数**
		多頻度納品を改善するため、配送先あたりの配送頻度を計測

出所：国土交通省「物流事業者におけるKPI導入の手引き」より作成

のため一車あたりの積載量が減り、「積載率」の低下を招いたといえます。この場合は、出荷ロットの小型化に対応できるよう、車種や配送方法の見直しとともに、ロット帯別配送料金の設定など、価格政策面の見直しも必要となります。

在庫管理

在庫管理のねらいは余計な在庫を持たない・品切れを起こさないこと

Chapter3 11

在庫管理とは、品切れをさせず、余剰に在庫を持たず、キャッシュフローと棚卸資産回転率を同時に向上させ、顧客満足と経営効率とを追求するロジスティクスの中心的活動です。

在庫管理はロジスティクスの中心的活動

在庫管理は、日本産業規格（JIS）によると「在庫管理完成品・仕掛品・部品・原材料など棚卸資産の量を適正に管理する活動。市場の需要動向に即応して品切れまたは余剰在庫の発生を防止し、キャッシュフローと棚卸資産回転率とを同時に向上させて、顧客満足と経営効率とを追求するロジスティクスの中心的活動である。また、そのために在庫拠点での在庫差異を防止したり、保管効率を向上させたりする活動を、現物管理として在庫管理という場合もある」とされています。

在庫管理には、「在庫という資産の管理」と「在庫の現品管理」という2つの意味があります。荷主が行うのが資産管理で、物流事業者が行うのが現品管理と考えるとわかりやすいでしょう。いずれの管理も重要ですが、企業経営に対する影響としては「在庫という資産の管理」のほうがより重要です。

顧客満足と在庫管理

顧客満足のためには、「必要なときに、必要な"モノ"が届く」ことが求められます。一方、経営効率の観点からすると、できるだけ在庫を減らし、在庫コストをかけないことが求められます。在庫を多く持てば顧客満足につなげられるのですが、在庫コストがかかって経営効率が悪くなるためです。また、サプライチェーン上の在庫場所や在庫数量も重要となります。いくら在庫を潤沢に用意しても、顧客に届くまでに時間がかかっては、顧客満足につなげられません。

在庫コストには、在庫を保管する物流コスト以外にも、在庫の長期保有による売価の下落、品質の劣化や陳腐化、廃却損、製造

▶ 在庫管理の２つの意味

在庫管理

資産管理
（Inventory Management）

棚卸資産を管理することで、過不足なく最適な場所に配置されるようにすること

現品管理
（Stock Control）

在庫品を利用できる状態に保ち、数量も帳簿と差異がない状態で管理されていること

▶ 在庫管理のポイント

顧客サービス

在庫コスト

サービスとコストのバランスを考慮する

にかかった資金に対する金利負担などがあります。

このトレードオフの関係を管理し、最適に維持することが在庫管理に求められます。具体的には、顧客に対する在庫サービス率（顧客が必要なときに在庫を提供できる率）を設定し、それに合った適正な在庫を維持することです。

いずれの場合も、==在庫は現金と同じ==という認識が必要です。

Chapter3
12

物流コンサルティング

コンサルティング会社を活用して物流戦略や物流改善を進める

コンサルティングには「企画型」「解決型」「コーチ型」があるため、明確な目的と目標を持ち、それに合ったコンサルタントの指導を受けることが、上手なコンサルタントの活用方法です。

外部のコンサルティング会社を活用する

物流の改善を進める場合、コンサルティング会社を活用することも一つの手段です。コンサルティング会社の選定においては、コンサルティングの進め方や特徴などを事前に把握しておく必要があります。コンサルティングの進め方には、大別すると「企画型」「解決型」「コーチ型」の3種類があります。

ノウハウの蓄積などに合わせてタイプを選ぶ

企画型は、コンサルタントが調査・分析し、報告書の作成までを行うタイプです。物流戦略の立案や物流改善プランの作成などを委託できます。

解決型は、報告書の作成からさらに踏み込み、立案したプランの設計や構築を手掛け、プランの具体的な実行までを行うタイプです。しかし、ここまで委託できるコンサルティング会社は多くありません。また、この場合に注意すべきこととして、すべてをコンサルタントに任せると、自社にノウハウが蓄積されず、将来、同じような検討を行うときに、再度コンサルティング会社に委託する必要が出てきます。

コーチ型は、コンサルタントがコンサルティングの進め方を提示し、実際の作業は自社で行うタイプです。この場合、コンサルタントの業務は、調査・分析の手法や改善の切り口の設定、報告資料のまとめ方などの指導が中心となります。自社の社員が実際に情報を収集し、分析を行い、改善案を作成していくことになるので、自社にコンサルティングのノウハウが残り、将来的にもある程度は自社で完結できる力が養えます。ただし、プロジェクトに参加するメンバーの負荷が大きく、期間も長期となります。

082

▶ 物流コンサルティング会社の業務内容

戦略
- 中期計画立案と進捗管理
- 商品コントロールと在庫管理方針策定
- 物流関連予算／投資計画策定
- 物流業務委託政策立案／委託先選定（国内、国際）
- ロジスティクス組織整備
- サプライチェーン最適化計画立案

企画
- ネットワーク設計（国内、国際）
- オペレーション設計
- 情報システム設備
- KPI体系設計
- 契約／支払設計
- 人材育成
- 物流技術の研究開発、情報収集

管理
- コスト管理
- 効率管理
- 委託事業者管理
- 物流合理化施策の実施管理

実業務
- 各種業務の改善
  - 受注／引当／出荷処理
  - 配車業務
  - 輸配送
  - 保管／荷役作業
  - 流通加工作業
  - 輸出入業務
  - 情報システム運営管理

▶ コンサルタントによる物流改善の例

荷主から「運賃の低下」を求められたとき
1. 自社の運賃単価を市況レベルと比較
2. 積載率、運行効率、実車率より、稼働実態を把握（無駄と改善点の抽出）
3. 原価を明確にして必要利益が残る範囲で荷主と交渉

コンサルタントの提示
4. オーダーあたりロットの推移の確認（小口化の進捗度の確認）
5. 納入条件の変化の確認（着時間指定や納品先での滞留増加など）
6. 契約以外の受注を増やせるかを確認

中期的な課題
7. 物流拠点の最適立地シミュレーションにより、現状の不具合性を数値化
8. 拠点機能と併せて投資額と効率化額を提示

以上を時系列に比較し、どのようにコスト増に結び付いているか提示し、どこに改善点があるかを気付かせる

　コンサルティングにはコストがかかります。コンサルティングを受ける際は、明確な目的と目標を持ち、コンサルタントの指導を受けながら、コンサルタントをうまく活用することが大切です。

第3章　物流担当者が知っておくべき基礎知識

Chapter3
13

物流改善に必要なマネージャー

組織運営と提案して実行することが物流マネージャーの役割

物流マネージャーには常に成果を出すことが求められます。物流部門の組織運営だけではなく、物流改善のための提案を行い、それを実行に移すことも物流マネージャーの役割です。

物流マネージャーとは

　マネージャーとは、組織の結果に責任を持つ者、と定義されています。言い換えれば、業務の運営と管理を行うことで成果を出すことがマネージャーには求められます。物流は部門横断的な機能を持つため、物流部門のマネージャーは、生産部門や販売部門および経営層との調整が不可欠です。そのためには、KPI（P.78）から問題点と原因を明確化し、提案・調整を行い、実行し、そして成果に結び付けなければいけません。

物流マネージャーの業務範囲と内容

　物流マネージャーの業務範囲は、企業活動のサプライチェーン全般に渡ります。原材料調達から出荷までのサービス・品質・コストの管理、商品動向の分析と在庫管理、拠点と輸配送の最適化、物流情報システムの向上、各種オペレーションの改善、リスクマネジメント、物流政策の策定と、業務内容は多岐にわたります。

　また、その管理において、課題、原因、改善効果などについてすべて定量的に押さえておく必要があります。前述したように、物流は部門横断的な機能を持ち、生産や販売および経営層への調整が不可欠です。抽象的、感覚的な調整では理解を得ることは難しくなるためです。

　たとえば、現場で物流マネージャーが「在庫量が倉庫のキャパシティを超えそうなので生産部門長、何とかして下さい」と言っても説得力がありません。この場合は「出荷量の10％に満たない低回転品が在庫量の30％を占めています。低回転品の在庫月数は3ヶ月を超えているのに今月も生産され入庫されています。このままなら倉庫のキャパシティは今月末でオーバーします」と

084

物流マネージャーの役割と求められるスキル

従来からの役割
- 部門収支の管理
- 物流部門の生産性向上
- 顧客への効率化提案
- 顧客との折衝
  （料金改定/トラブル対応ほか）
- 貨物自動車運送事業法など業法の理解
- 人材育成と組織力の向上　など

求められるスキル
- サプライチェーンを通した改革/改善推進力
- 経営層ならび他部門を巻き込む折衝力
- 顧客価値を生む物流戦略構想力
- 資料（ドキュメント）作成力とプレゼンテーション力

物流マネージャーの提案例

現状（時間指定顧客）
[時間指定顧客]
午前着指定が30％増加

トラックの運行効率10％減少

↓

1日あたり3台の車両増加

↓

月120万円の運賃増加

推定
通常の積合せ便より月90万円の運賃増加

＋

月120万円の運賃増加

＝

合計月210万円のコスト増加

＝

営業利益率5％の換算で年間5億の拡販額に匹敵

マネージャーの提案：経営層および営業部門へ実態を定量化して報告。顧客へは物流条件の見直しによるコストダウン策として提案

いったように<mark>数字で論理的に話すことで説得力をもたせることができます。</mark>

　これからの物流は事業戦略の中核を担うため、どんぶり勘定では通用しません。物流マネージャーには、物流を単に管理するだけでなく、分析し科学することが求められます。

COLUMN 3

サプライチェーンを統合管理する
ロジスティクスの最高責任者(CLO)という役職

CLO（Chief Logistics Officer：最高ロジスティクス責任者）とは、サプライチェーンを統合管理するために必要な、生産、営業をコントロールする権限を持つ役職です。日本ではまだあまり根付いていませんが、既に欧米では企業戦略上不可欠な役職として存在しています。

ロジスティクスに対する考え方の違いは、先の太平洋戦争にも如実に表れています。戦争開始の半年前、米国では枢軸国と戦争になった場合のロジスティクス計画が作成されました。連合国が枢軸国に勝つには、どれだけの兵力と物資をどこに投入すべきか、その生産にはどれだけの期間がかかるかなどについて検討の結果、勝てるという結論に行きつきました。しかしながら、必要な物資が揃うのは1943年の半ばになるため、その時点から連合国は攻勢をかけるとされ、まさにその通りの結果になりました。これは、必要な兵力と物資を戦場に送り続けることができたほうが勝つという考えに基づいています。

米国の戦い方は、空港や港湾、軍需工場などを破壊して使用不能にし、戦場へ向かう輸送船をことごとく撃沈するものでした。日本側は戦闘で死んだ兵士より、船ごと沈められたり飢えや病気で死んだりした者のほうが多かったと言われています。米国の戦い方は自国のロジスティクスを強固にしたうえで敵のロジスティクスを破壊し、戦う前に敵の戦闘能力の最小化を図ったということになります。

現在の日本社会では、先進企業こそロジスティクスを企業経営の重要事項に置いていますが、まだロジスティクスを軽視し単なるコストセンターとしか見ていない企業もかなりあります。現在の企業は、グローバルに広がったサプライチェーン全体での競争に変化してきています。従って、その中で戦う組織として、サプライチェーンを統合管理し、生産や営業をコントロールする権限を持ったCLOの設置が必要です。

第 **4** 章

業態別の物流のしくみ

私たちが普段利用するお店にはスーパーやアパレル、医薬品など、さまざまな業態があります。物流はそれらを支える役割があり、物流事業者には各業態の特徴に合った知識や取組みが求められます。

製造業（自動車）の物流

Chapter4 01

必要なものをタイミングよく納入する自動車製造の物流

2～3万個の部品により組み立てられる自動車は、数多くのサプライヤーによる多頻度小ロットでの部品供給をもとに生産されています。ここでは、部品供給における効率性を高めるための物流の取組みについて解説します。

自動車産業の物流システム

完成車メーカー
自動車産業で、自動車の完成品を製造しているメーカーのこと。日本の主要メーカーとしては、トヨタ自動車、日産自動車、本田技研工業などがある。

Just In Time 生産方式
トヨタ自動車が開発した生産管理システム。必要なものを必要なときに必要なだけ生産する方式で、仕掛品や在庫などを削減する。

自動車産業は、自動車を製造する完成車メーカーを頂点に、自動車の部品を供給するサプライヤー（部品メーカー）がつながっているピラミッド型の構造となっています。サプライヤーは、自動車の「組立部品」から「素材」まで、一次、二次、三次といった段階的な構造が形成されています。

日本の自動車産業は、無駄な在庫を持たず、「必要なものを、必要なときに、必要な分だけ生産する」という Just In Time (JIT) 生産方式を採用しています。そのため、サプライヤーは完成車メーカーの生産工程に合わせ、必要なものを必要なタイミングで納入することが求められます。元来、JITを実現するには、完成車メーカーの工場の近接地にサプライヤーが集まる構造が、効率性や柔軟性を高めると考えられていました。しかし、完成車メーカーの広域化、情報インフラの発達、多品種生産への移行などの要因により、日本各地に分散したサプライヤーからのJIT対応が可能な物流システムが構築されています。

安定した部品供給と物流の効率性が求められる

リードタイム
→P.26参照

ミルクラン方式
巡回集荷を意味する。「ミルクラン」の語源は牛乳メーカーが原料の生乳を確保するために、各牧場を巡回して集荷することに由来している。

JIT生産方式は、最終の組立ての際に一つでも部品が納入されないと生産ラインが滞るため、サプライヤーは常に物流のリードタイムと供給在庫に余裕を持たせておく必要があります。このような環境において、サプライヤーの物流は、各サプライヤーの多種多様な部品をミルクラン方式で集めてくる集貨センターと、完成車メーカーの工場の近接地で部品の仕分けや多頻度小ロットで納入する納品センターを設け、両センター間は大型車両による幹線輸送を行うことで、部品供給の安定性と物流の効率性を高めて

088

▶ 一次、二次、三次サプライヤーの役割

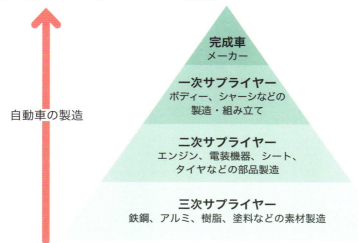

▶ 集貨センターと納品センターによるサプライヤー物流

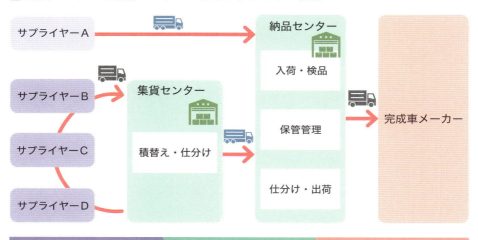

います。このように、複数のサプライヤーや完成車メーカーが業界全体で物流効率化の取組みを進めていますが、異なる通い箱の規格統一化や帰り荷の確保、モーダルシフト（P.16）への移行など、完成車メーカーの物流課題も残されています。

通い箱
自社と納入先の間を行き来し、繰り返し使用できる輸送用の箱。

製造業（化学品）の物流

品物により輸送・保管方法が変わる化学品の物流

Chapter4
02

私たちの身近にある日用品、化粧品、建材などは、原料となる石油から製造される化学品（中間材）をもとに作られています。ここでは化学品の物流について解説します。

化学品の特性に合わせて物流の形態が異なる

基礎化学品
石油などの原料から作られる製品製造の基礎となる化学物質。エチレン、苛性ソーダ、塩素など。

荷姿
輸送する荷物の梱包された外観のこと。

フレコン
フレキシブルコンテナバッグ（Flexible Containers）の略称。ポリエチレンやポリプロピレンなどの柔らかく丈夫な化学繊維でできた袋。粉末や粒状物の荷物を保管・運搬するための袋状の包材。

　化学品の物流は、あらゆる工業製品や消費財などの基礎化学品となる合成樹脂や成型加工製品、潤滑油や液体化学原料などを対象とする物流です。化学品は消費財となるまでの中間材として、企業内、産業内、産業間で取引されるため、物流も企業間での大ロット・直送輸送となることが多いという特徴があります。

　化学品は固体、液体、気体などの荷姿により物流の形態が異なります。液体や気体は大量輸送できるケミカルタンカーやタンクローリー車などを使い、固体は紙袋やフレコンなどの輸送容器に入れてトラック、鉄道、船舶で輸送します。また輸送距離ごとに、近距離はトラック、中距離は鉄道、長距離は船舶を使い、輸送費の抑制を図っています。3つの輸送手段を組み合わせたモーダルシフト（P.16,23）の導入も進んでいます。

　化学品には危険物（可燃物や毒劇物など）があり、輸送や保管などに対する規定が多くあります。一定数量以上の危険物を貯蔵する場合は一定の要件を満たす倉庫施設が必要となり、管理では危険物取扱者や毒物劇物取扱責任者などの配置が必要となります。また、危険物のタンクローリー輸送でも、ドライバーが納入先のタンクへ充填を行う場合、危険物取扱者の資格が必要となるなど、ほかの物流とは異なる特性があります。

小ロット多品種への変化と効率性の追求

ストックポイント
輸送時に貨物の一時保管や中継を行う機能を持った物流拠点。

　素材の産業といえる化学品業界においても、大ロット少品種から小ロット多品種の物流に変わりつつあります。従来のトラックでの直送輸送やタンクローリーでの専用輸送から、ストックポイントを設置した需要地への少量多頻度輸送、荷姿をドラム缶やコ

090

▶ 化学品の主な輸送手段

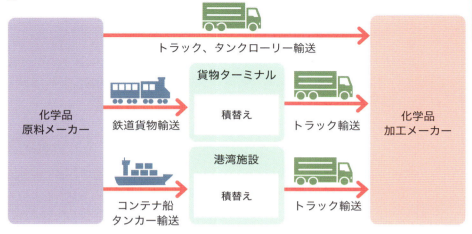

▶ 化学品（製品性状）ごとの輸送手段の特性

製品性状		固体／粉体		液体	
物量		少量	大量	少量	大量
荷姿		紙袋、フレコン	タンクローリー（トラック）フレコン	ドラム缶一斗缶	タンクローリー（トラック）ケミカルタンカー（船舶）
輸送距離	近距離	トラック	タンクローリー	トラック	タンクローリー
	中距離	トラック鉄道コンテナ	タンクローリー	トラック鉄道コンテナ	タンクローリー鉄道タンク車
	長距離	コンテナ船	コンテナ船	コンテナ船	タンカー船

※隣接する供給先への気体や液体の大量物量はパイプラインで輸送

ンテナに詰めて車両積載や車両稼働率を高める取組みなどが進んでいます。荷主側でも複数のメーカーの共同配送（P.70）による非効率物流の解消、運行車両台数の抑制による環境負荷低減などの取組みも進められています。

Chapter4
03

住宅建材の物流

資材の納入先や時期が変化する住宅建材の物流

住宅建材の物流では、戸建て住宅やマンションなどの建設現場に向け、一棟あたり6万点にも及ぶ資材や部材が輸送されています。特異性の高い建設現場への物流について解説します。

常に変化する建設現場の状況に対応する物流

住宅建材の物流は、主な納入先が建設現場となり、納入先や納入時期などが常に変化することが、ほかの物流と異なる点といえます。建設現場への物流の特徴として、①天候の変化や施工計画の変更などへの対応、②施工の工程に合わせた適切なタイミングでの納入、③物流設備のない不特定多数の住宅街や狭小地などへの納入、④形状、大きさ、荷姿や取扱い特性の異なる多種多様な建材の納入、⑤建設現場への納入に適したトラック輸送の比率が高く、ドライバーによる現場に合わせた複雑で長時間の搬入作業、などが挙げられます。

このように特異性の高い住宅建材の物流ですが、建設現場への納入ロスを削減するため、スマートフォンアプリを使ったシステムの導入が進められています。このシステムでは、建設現場の進捗状況やトラックの運行状況などの情報を、住宅メーカー、サプライヤー、物流事業者が共有できるようになっています。また、複数のサプライヤーからの資材を需要地近隣に集約し、建設現場の工程に合わせた仕分けや配送などを行う共同配送物流センターの設置など、効率化策も進められています。

サプライヤーから建設現場へ納入する方法

在来工法住宅メーカー

日本の伝統的な木造建築工法である在来工法(木造軸組工法)を中心とした工法を扱うハウスメーカー。木造軸組工法は、主に柱や梁といった軸組(線材)で支える建築構造。

住宅建材の物流は、主に次の3つのルートに大別されます。まず1つめは「在来工法住宅メーカー」です。建設資材の問屋から建材販売店や地域の工務店などを経由して建設現場へ納入されます。サプライヤーや問屋から建設現場までの物流手配や在庫調整などは、サプライヤーや問屋が行い、住宅メーカーが自ら物流機能を持つことは多くありません。

▶ 在来工法住宅メーカーの物流

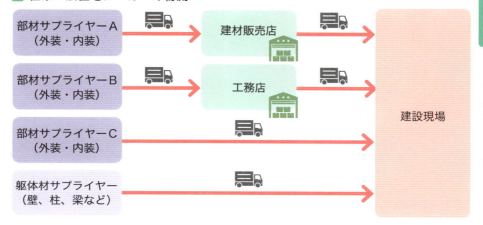

▶ プレハブ住宅メーカーの物流

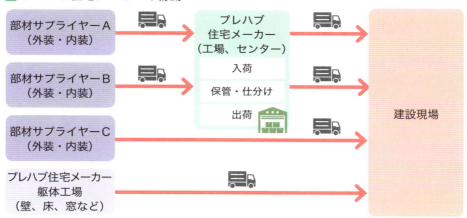

2つめは「**プレハブ住宅メーカー**」です。サプライヤーがプレハブ住宅メーカーの工場や物流センターなどに納入し、組立加工や仕分け作業を行って、プレハブメーカーの手配により建設現場へ納入します。プレハブメーカーへ納入する物流はサプライヤーが手配しますが、プレハブメーカーの引き取りによる物流も行われています。

3つめは「現場直送」です。大型の建設資材（壁、柱、梁など）の多くは、躯体材サプライヤーやプレハブ住宅メーカーの手配により直接、建設現場へ納入します。

プレハブ住宅メーカー
建物の各部分（構造体、床、壁、窓など）を工場であらかじめつくり上げ、それを現場で組み立てる建築工法を扱うハウスメーカー。工場で生産されるため、均一な品質の施工ができ、工期を大幅に短縮できるのが特徴。

Chapter4
04

卸売業の物流

顧客それぞれに対応する
食品卸売業の物流

メーカーから小売へ商品を流通させる食品卸売業では、物流機能が重要視され、顧客ごとに複雑な対応が必要とされます。マーケティングや商品知識、きめ細かな物流などを駆使し、流通を最適化することが求められています。

食品の流れをスムーズにする食品卸売業

卸売業は、メーカーと小売業の中間に位置し、流通活動を行う事業者で、問屋（P.14）とも呼ばれます。企業数は約5,500社で、6万5,000事業所（経済産業省2018年度調査）があります。卸売業全体の企業が年々減少する中、食品卸売業は、企業数、事業所数ともに微増しています。

食品卸売業の機能は、①食品のプロとしてのマーケティング、②顧客の要望に応えるPB（プライベートブランド）商品の開発・製造などの**マーチャンダイジング**、③代金回収・決済、④品揃えの改善や棚割りの提案などを行う**リテールサポート**、⑤Web受発注システムなどの情報システム、⑥メーカーから小売業までの一貫した**3温度帯物流**、⑦冷蔵冷凍品などの品質・温度管理、⑧小売業物流センターの運営、などが挙げられます。このように食品卸売業の機能としては「物流機能」が重要な位置を占めています。特に冷凍冷蔵食品などは今後も需要が増えるため、保管効率、荷役効率、輸送効率を追求した物流システムの構築が必要です。

顧客ごとに対応が必要とされる複雑な物流

卸売業の物流の特徴としては、納品する小売業などの顧客が数千軒にも及ぶことが挙げられます。それに応じて、顧客ごとに商品に添付するラベルや納品時間の指定があり、すべて個々に対応する必要があるため、作業は大変複雑です。このように、これまで高度な物流機能やリテールサポートを提供してきた卸売業ですが、今後も生き残りをかけて、最新のIoTやビッグデータなどの情報技術の活用、物流センターのロボット導入などによる効率化・情報化などを進めていく必要があります。

マーチャンダイジング
商品計画、商品化計画など戦略的に行う企業活動のこと。

リテールサポート
自社取扱商品の販売拡大のために小売業に対して営業や経営の支援を行うこと。

3温度帯物流
輸配送・保管時の温度帯を指定された物流のこと。一般に常温（ドライ）は10～20℃、冷蔵（チルド）は−5～5℃、冷凍（フローズン）は−15℃以下を指し、これら温度管理を必要とした物流を指す。

094

▶ 商品の流れと食品卸売業の機能

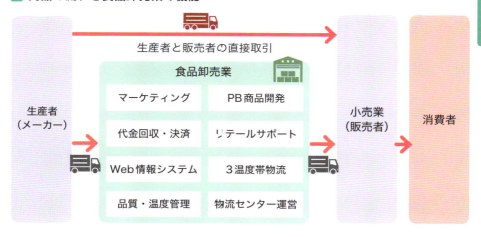

▶ 食品卸売業の物流の特徴

小売業ごとの納品条件に合わせた納品	①多くの納品場所（小売物流センターや店舗） ②納品場所ごとの納品車種指定や納品時間指定 ③納品方法（店舗別梱包納品や商品ごとの総量納品） ④納品書類（小売業に合わせた納品伝票や納品ラベルの貼付）
週明けの物量波動対応	土日に売れた商品補充のために、週明け曜日に物量波動（P.42）が大きく出荷作業が忙しくなる
温度・品質管理	在庫商品や輸配送過程においての温度・品質管理
卸売業同士の共同配送推進	物流効率化のため配送先が同じ卸売業同士の共同配送を推進

卸売業に対しては「卸売無用論」が唱えられることがありますが、メーカーや小売業に匹敵するマーケティング機能と商品知識を持ち、物流事業者に負けないきめ細かな物流対応ができる事業者として、必要性も高まっています。

卸売無用論
1960年代頃、流通革命により大量生産、大量消費、チェーン店化が進められたことで、メーカーから小売店への直接輸送が可能となり、中間に存在する卸売は無用であるとする考え方。

Chapter4
05

アパレルの物流

EC拡大により変革が進む
アパレルの物流

近年の通信販売やEC（電子商取引）の拡大により、アパレル製品の購入方法が変化しています。BtoBだけではなくBtoCにおいても即日出荷が増加しているため、物流作業の効率化が急務となっています。

アパレルの専門知識が求められる物流

SPA（Specialty store retailer of Private label Apparel）
企画から製造、小売までを一貫して行うアパレルのビジネスモデルのこと。

SKU数
Stock Keeping Unitの略。受発注や在庫管理を行うときの最小管理単位のこと。

ハンガー保管・配送
ハンガーに吊るしたままで保管や配送を行うこと。スーツやドレス、高級服装が対象。

アパレル業界の構造は、素材開発、製造、小売の3つに大別されます。近年増えているSPAとは、アパレル製品の企画から製造、小売までのすべての工程を一貫して行う製造小売業のことで、ユニクロやZARAなどが代表的です。取扱製品には、トップス、ボトムス、アウターウェア、インナーウェア、シューズ、アクセサリーなど、さまざまなアイテムがあり、さらにそれぞれの製品に色やサイズなどがあるため、SKU数は膨大になります。

アパレル物流の特徴は、①膨大な種類の取扱製品、②季節による製品の入替え、③製品管理の困難さ（温度・湿度）、④検針や値付け・ブランドのタグ付けなどの顧客に合わせた品質管理（QC）業務や流通加工作業、⑤スーツやドレスなどのハンガー保管・配送、⑥入庫時期と出庫時期の時期差（入庫と出庫の物量波動が大きい）、⑦アパレル取扱運送事業者による共同配送、⑧返品物流、が挙げられます。このようにアパレル物流は、非常に複雑で管理が難しいため、物流事業者にもアパレルの専門知識が必要とされます。

また、店舗などへ計画的にロット出荷を行っていたアパレル物流は、注文を受けて即日、多品種少量の商品を出荷するEC物流へと移り変わってきており、その傾向はさらに強まっていくでしょう。

課題とされる契約の形態と返品制度

アパレル物流では、メーカーと小売業で取り交わされている契約の形態とさまざまな取引条件における返品制度の見直しが課題となっています。たとえば、「委託仕入」では、売れ残った場合

▶ アパレル製品の流れ

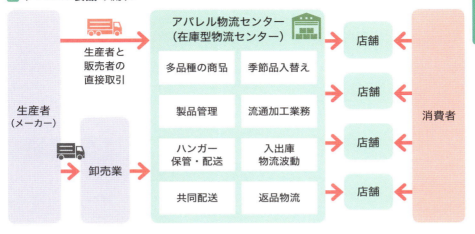

▶ アパレル品質管理（QC）業務と流通加工作業

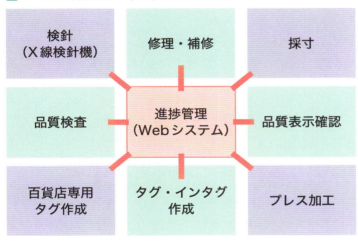

の返品が認められているため、季節の変わり目に大量のアパレル製品が物流センターに戻ってきます。この返品処理は人手で行われ、非効率であるため、RFIDの導入などにより返品処理の効率化が望まれています。

RFID（Radio Frequency Identification）
誘導電磁界または電波により，接触せずに半導体メモリのデータを読み出し、書き込みのための近距離通信を行うものの総称。一般的には無線通信によりICタグを取り付けたさまざまな対象物を識別・管理するシステムやその部品のこと。

Chapter4

06

ドラッグストアの物流

膨大な商品を効率的に扱う
ドラッグストアの物流

成長が目覚ましいドラッグストアでは、取り扱う商品数も拡大し、品揃えも
スーパーマーケットに迫る勢いがあります。これに対し、膨大な量の商品を
効率よく扱うため、RFIDタグを用いた商品管理が検討されています。

商品数の多いドラッグストア物流の特徴

**ドラッグストア
実態調査結果**
日本チェーンドラッグストア協会
(JACDS) による調査報告書。

　2019年度のドラッグストア実態調査結果によると、ドラッグストア全体の売上高は4年連続で5％台の成長を遂げ、前年比5.7％増の7兆6,859億円となり、2000年の2兆7,000億円と比べると20年間で約2.9倍の規模となっています。平均的な店舗で約300m^2 の店舗に18,000SKUほどの商品を陳列し、近年ではドラッグ関連商品以外に加工食品、冷凍食品、日配品（P.102）なども取り扱うドラッグストアも出現しています。

日配品
小売店ではなくメーカーで製造される加工食品のうち、要冷蔵で賞味期限・消費期限の短い食品のこと。洋日配品は牛乳、ヨーグルト、デザートなど。和日配品は豆腐、納豆、麺類、練製品など。

　ドラッグストア物流の特徴は、①ドラッグストア専用の物流センター、②TC1型・TC2型（通過型）センター、③決まった時刻に店舗に納品する定時一括店舗納品、④荷受け時の店舗ノー検品、⑤陳列棚を意識したカテゴリー別・通路別納品、⑥夜間納品、などが挙げられます。

TC1型・TC2型
通過型物流センターのこと（右図参照）。

　ドラッグストアはTC型物流センターが主流で、店舗数や取扱いアイテム数が多く、納品リードタイムも短いので、効率的な作業が必要とされています。

商品へのRFID貼付により作業効率を高める

　経済産業省は、日本チェーンドラッグストア協会と共同で、「コンビニ電子タグ1000億枚宣言」の趣旨に一定の条件下で同意し、2025年までにドラッグストアで取り扱う商品に電子タグを装着してスマートストアの実現を目指す「ドラッグストア スマート化宣言」を2018年3月に発表しました。その後、2019年2月の店舗実証実験では、棚卸作業工数が80％程度削減されたとの報告もあります。これらの活動は、物流業界にも大きなインパクトを与えるもので、今後、すべての商品にRFIDが付けられること

スマートストア
AI、カメラ、電子タグなど、さまざまなツールを使って流通をデジタル化し、業務の効率化やデータ活用による新たな価値創造を目指す店舗。

098

▶ 商品の流れとドラッグストア物流センターの特徴

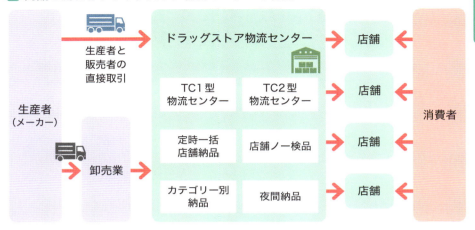

▶ 物流センターの作業形態（TC1型・TC2型）

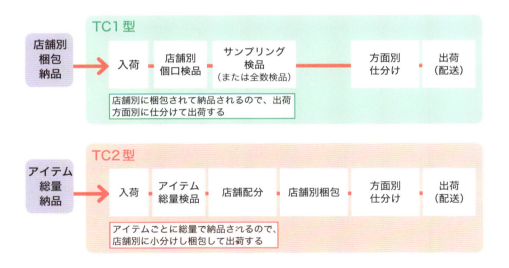

になれば、センターでの入出荷・検品や棚卸などの作業効率が飛躍的に向上するでしょう。

Chapter4
07

コンビニエンスストアの物流

年中無休の運営を支える
コンビニエンスストアの物流

コンビニエンスストアは、小型店舗でありながら多岐にわたる取扱商品があり物流は複雑です。今後は各社独自の物流運営から、他社との共同配送を視野に入れた物流へと変革されていくでしょう。

商品特性に合わせた温度帯別共同配送センター

コンビニエンスストア（以下、コンビニ）の2019年12月末時点の店舗数は全国で5万5,626店舗にのぼり、セブン - イレブン、ファミリーマート、ローソンの上位3チェーンの合計店舗数だけで5万店を超え、全体の約90％を占めています。前年度比では若干の減少（0.3％減）はみられるものの、都市部では数百メートルの範囲内に数店舗が競合する出店過密状態となっています。

コンビニ物流の特徴は、365日24時間営業を基本とするコンビニ各社の店舗運営をサポートするため、効率的な物流システムが必要となることです。たとえば、セブン - イレブンでは米飯品（20℃）、チルド品（5℃）、冷凍品（−20℃）、常温品などの商品特性別に共同配送センターを設置しています。米飯品やチルド品であれば1日2〜3便、冷凍品や常温品であれば週に3〜7便と、商品ごとの味や品質などを維持するために最適な温度帯に分け、共同配送センター経由で店舗に配送します。

ドミナント戦略に基づく出店で物流を効率化

コンビニ物流において、配送は2室2温度帯（米飯・チルド配送）車両を導入し、さらに1台の車両を2人で4便運行させるなど、24時間フルで稼働させています。また共同配送センターは、ドミナント戦略を展開しているエリアのほぼ中心部に位置し、配送効率を高めています。これらの取組みにより、創業当初1店舗1日延べ納品車両数が約70台であったのが、現在では約9台にまで集約されています。

2020年7月、コンビニ大手3社は、経済産業省（戦略的イノ

店舗数
（2019年12月末）
日本フランチャイズチェーン協会によるCVS統計年間動向（2019年1月〜12月）。

ドミナント戦略
チェーンストアが地域を絞って集中的に出店する経営戦略のこと。ある地域内における市場占有率を向上させ、独占状況を目指す。

SIP（戦略的イノベーション創造プログラム）
内閣府主導の国家プロジェクトで、科学技術イノベーション実現のために創設された。

商品の流れとコンビニエンスストア物流センターの特徴

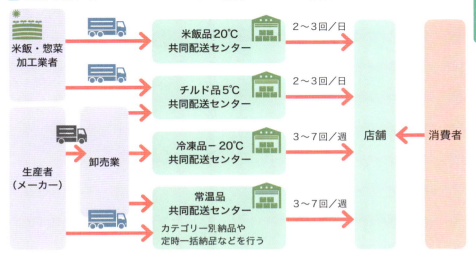

共同配送のシステム

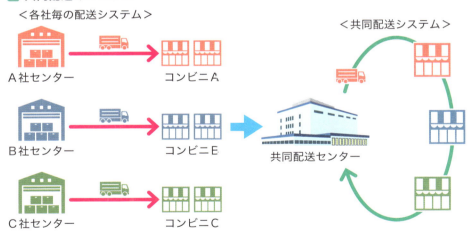

ベーション創造プログラム：SIP）の支援で、8月の1週間に都内40店舗で飲料菓子の共同配送の実証実験を始めると発表しました。少子化などでドライバー不足が深刻化する中、3社が連携して供給網を維持するもので、企業の枠を超えた取組みが行われています。

食品スーパーマーケット（冷凍・冷蔵）の物流

取扱商品により納品方法を分類するスーパーマーケットの物流

食品スーパーマーケットの企業規模は大半が中小で、大規模な物流設備投資が難しいため、卸売事業者には取り扱う商品群ごとに納品方法を分けてもらう必要があります。

3つの温度帯に合わせた物流機能

食品スーパーマーケット（以下、スーパー）が取り扱う商品は、主に常温（10℃～20℃）、冷蔵（－5℃～5℃）、冷凍（－15℃以下）の3温度帯（P.94）であり、さらに細分化された定温、加温、氷温、超冷凍という分類もあります。したがって、スーパーの物流は、それぞれの温度帯に合わせた物流機能が必要になります。

スーパー物流の特徴としては、①3温度帯物流（温度・衛生管理）、②365日24時間の稼働センター、③夜間早朝納品、④総菜や日配品などのカテゴリー別納品、⑤賞味期限管理（先入れ先出し〈P.142〉）、⑥卸売事業者のクレート納品、⑦1日複数回の定時一括納品、⑧荷受け時の店舗ノー検品、⑨特売物流、などが挙げられます。また、物流センターには、総菜や精肉などの加工処理を行うPC（流通加工センター）を併設している場合が多く、物流センターと連携して効率よく店舗へ商品を供給しています。

卸売事業者の協力により納品方法を分類

スーパーの物流センターには、卸売事業者が店舗別に仕分け梱包し、納品するTC1型と、店舗別ではなくアイテム（商品）ごとにまとめて納品するTC2型の作業方法があります（P.99）。スーパーでは、常温品と冷蔵品を同じ物流センター内でエリアを分けて作業を行う場合が多く、TC1型は米、雑貨、冷蔵品の水産、青果、総菜など、TC2型は飲料品、酒、菓子、冷蔵品の洋日配品、和日配品などが対象商品です。また、同センターの場合、常温品と冷蔵品は同じ冷蔵配送車両で配送を行うことがあり、1便目は冷蔵品、2便目は常温品のように積載商品に合わせた温度コント

賞味期限管理
賞味期限とは、定められた方法で商品を保存した場合に、品質保持が十分に可能と認められる期限のこと。この期限を管理することを、賞味期限管理という。

クレート
総菜や日配品などを入れるプラスチックなどの素材の箱のこと。仕分け作業や搬送などに使用する。

特売物流
チラシや広告などに掲載する商品は一時的に取扱量が多くなるため、通常納品リードタイムとは別にして、計画的に店舗へ納品する物流のこと。

▶ 商品の流れとスーパーマーケット物流センターの特徴

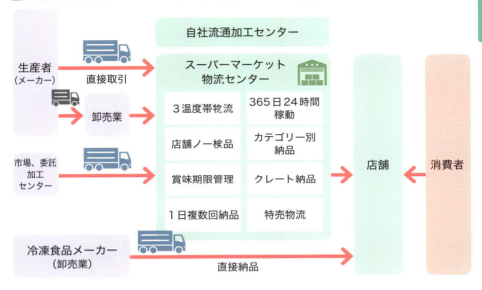

▶ 温度帯別商品の納品形態の例

温度帯	商品分類	品目例	TC1型	TC2型
常温	一般食品	飲料、缶詰、調味料、カップラーメンなど	○	○
常温	菓子	スナック菓子、チョコレートなど	○	○
常温	酒	ビール、焼酎、日本酒など	○	○
冷蔵	和日配	納豆、豆腐、麺類、漬物、練製品など	○	○
冷蔵	洋日配	乳製品、牛乳、プリン、洋菓子など	○	○
冷蔵	惣菜	完成惣菜、加工惣菜など	○	
冷凍	水産	切り身、白身魚フライ、明太子など	○	
冷凍	精肉	牛肉、豚肉、鶏肉、加工肉など	○	

ロールを行います。冷凍品は、大半が冷凍品メーカーの物流センターから、冷凍車で1日1回の納品を行います。

EC（電子商取引）の物流

Chapter4
09

消費者ニーズに応えるため
自動化が求められるECの物流

EC物流では、商品の大半が個人消費者向けに出荷されます。個人別の細かな注文に対応して作業するには、マテリアルハンドリング機器の導入が不可欠であり、それによる作業効率化が求められています。

EC物流の特徴は多品種・少量出荷

2019年、BtoC-EC（消費者向け電子商取引）市場規模は、前年比7.6％増の19兆3,609億円、EC化率は前年比0.54ポイント増の6.76％と、商取引の電子化が急成長しています。市場は物販系、サービス分野系、デジタル分野系に分類され、なかでもインターネットを媒介した物販系ネット電子商取引が増加しています。

EC物流の特徴としては、①個人消費者向けの多品種・少量出荷（作業は注文ごとのシングルオーダーピッキング）、②商品の注文から納品までの短い納品リードタイム、③商品のラッピングなど複雑な流通加工、④リピーターへの広告情報の投入、⑤出荷キャンセル対応、⑥返品物流、などが挙げられます。

消費者に合わせた幅広い物流機能が求められる

これらの特徴を持つEC物流センターでは、多くの取扱商品の在庫を持ち、マテリアルハンドリング機器や商品管理システム（WMS）などが導入されています。当日の受注は当日中に出荷することが多く、作業時間を短縮するために効率化が進められています。もはや一昔前の「倉庫」という面影はなく、自動化されたロボットショールームのようです。

注文された商品の配送は、当日または翌日の指定された時間に納品することが多く、宅配事業者や中小エリア配送事業者と密接に連携しています。また近年のEC物流は、物流機能以外にも、オーダー受注、ECサイト管理（ささげ業務）などを一括して代行するフルフィルメントサービスなどにも対応しており、ますますEC物流に求められる機能は幅広くなるでしょう。

シングルオーダーピッキング
一つの出荷オーダーごとに保管場所から集品する方法。一方、複数の出荷オーダーをまとめて集品する方法は「トータルピッキング（アイテム総量ピッキング）」。

ささげ業務
撮影（さつえい）、採寸（さいすん）、原稿（げんこう）の1文字目をとった略称。原稿はECサイトで販売する商品を紹介する原稿の作成業務のこと。

フルフィルメントサービス
通信販売（EC）において、受注、決済、在庫管理、商品配送、流通加工、返品対応などの一連の業務の総称。

104

▶ 商品の流れとEC物流センターの特徴

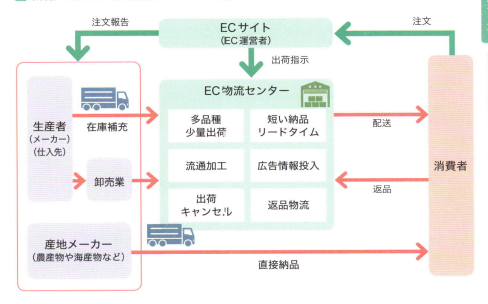

▶ BtoC-EC市場規模および各分野の構成比率

	2018年	2019年	伸び率
物販系分野	9兆2,992億円 （EC化率 6.22%）	10兆515億円 （EC化率 6.76%）	8.09%
サービス系分野	6兆6,471億円	7兆1,672億円	7.82%
デジタル系分野	2兆382億円	2兆1,422億円	5.10%
総計	17兆9,845億円	19兆3,609億円	7.65%

出典：経済産業省「電子商取引に関する市場調査」2020年7月 より作成

COLUMN 4

B社物流センター作業の改善事例 「幅広い切り口から改善を考える」

B社の物流センターの作業改善を依頼された事例です。まず現場を訪問していろいろな情報を入手することから始め、そこから定量的、定性的に現状把握するとともに、作業者の協力も得て問題点を抽出し、整理しました。優先課題をピッキングの効率化として、具体的な改善活動を進めることとなりました。

作業改善を行うときの原則は、「安全」「貨物」「レイアウト」「作業」「工程」「設備」という6つの側面から検討することですが、今回は特にレイアウトと作業を中心に進めることとなりました。

在庫が多いことから商品の在庫が分散しており、運搬に時間がかかり、ピーク時期以外はオーダーピッキングで、男性社員がパレット上にピッキングしながらフォークリフトで運搬する形となっていました。

ピッキングの改善として、ピッキングの仕方の見直しとピッキング商品の運搬方法の見直しを行うこととなりました。具体的には、ダブルトランザクション方式を採用して、狭い範囲でピッキングできるようにし

ました。ダブルトランザクション方式とは、ピッキングゾーンと在庫ゾーンを作り、ピッキングに必要な量だけをピッキングゾーンに保管し、必要量を在庫ゾーンから補充するという方式です。これにより運搬を減らすことができます。

在庫ゾーンも可能な限り棚の中段や上段を保管用にして、下段にピッキングできるゾーンも作ることで物量波動への対応もできるように工夫しました。

また、ピッキングゾーンは、台車によるピッキング方式にし、パートタイマーの人にも作業ができるように変更しました。

今後はハンディスキャナを導入して、さらなる効率化を図る計画も立て、新体制をスタートしました。

このように作業改善には、いろいろな切り口がありますので、それらをしっかり確認して進めることと、インダストリアル・エンジニアリング(Industrial Engineering)の考え方を理解して、進めることが必要です。

第 **5** 章

一歩先を行く
物流業界の先進企業

物流業界は、陸海空の運送業界と、倉庫業界で構成されており、たとえば陸運の運送業界だけを見ても、事業者によってさまざまな特長があります。この章では私たちの生活に身近な陸運業界を中心に、各企業の強みや取組みを紹介します。

Chapter5
01

物流業界の先進企業

大手企業と旧財閥系が上位を占める陸運と倉庫の企業ランキング

日本の物流市場約24兆円のうち、陸運業界の上位25社の売上は約10兆円と、市場の約42%を占めています。ここでは、陸運業界と倉庫業界の各企業の売上高ランキングを見ていきましょう。

総合物流企業と宅配便企業が上位に入る陸運

物流業界には、陸海空の運送業界や倉庫業界などがあり、分類が難しいところがありますが、ここでは一般貨物自動車運送事業の特別積合せ貨物運送（路線便）や貨物自動車利用運送を主な事業としている物流事業者を陸運業界として取り上げます。また倉庫業界は、主に倉庫事業を営んでいる企業を取り上げます。

陸運業界の上位には、総合物流企業の日本通運、日立物流、センコーグループホールディングス、鴻池運輸のほか、特別積合せ貨物運送のセイノーホールディングス、福山通運、またその一形態である宅配便貨物を取り扱う、ヤマトホールディングス、SGホールディングスなどが入ります。物流子会社では、ニチレイロジグループ本社とキユーソー流通システムが、食品物流の大手事業者としてランクインしています。そのほか、7位の山九、10位の上組は、陸運以外に港湾運送も行っています。

特別積合せ貨物運送
不特定多数の荷主の貨物を混載して輸送をする輸送の形態。宅配便は特別積合せ貨物運送に入る。

総合的なソリューションの提供が求められる

倉庫業界では、M&Aで急成長している三井倉庫ホールディングスが1位になり、続いて同じ旧財閥系の三菱倉庫と住友倉庫が続きます。収益源を不動産から3PLに切り替えはじめた三井倉庫ホールディングスに優位性があるといえます。

製造業や小売業などのサプライチェーンを維持する役割を担っている物流事業者は、「輸送のみ」「保管のみ」といった単機能ではなく、総合物流ソリューションとしての物流サービスの提供が求められています。これは、一般貨物自動車運送事業と倉庫事業の全般にいえることです。

総合物流ソリューション
保管、輸送の単体機能だけでなく、物流業務全体で問題を解決すること。

▶ 陸運業界の売上高ランキング

NO.	企業名	特徴	売上高 （百万円）	決算期
1	日本通運	【総合物流最大手】国内で最大の複合輸送ネットワークを持つ最大手。	2,080,352	'20年3月期
2	ヤマトホールディングス	【宅配便トップ】集配網と配送品質に定評。アジアにサービスを拡充。	1,630,146	'20年3月期
3	SGホールディングス	【物流大手】子会社の佐川急便は宅配便国内2位。企業向け配送に強み。	1,173,498	'20年3月期
4	日立物流	【日立系】システム物流に強み。福山通運、日本郵政などと提携。	672,286	'20年3月期
5	セイノーホールディングス	【陸運大手】トラック輸送は全国に路線網。トヨタ車の販売も。	627,126	'20年3月期
6	センコーグループ ホールディングス	【総合物流大手】グループ会社100社を超える流通情報企業グループ。	570,030	'20年3月期
7	山九	【物流大手】日本製鉄の物流や高炉改修を請け負う。	569,461	'20年3月期
8	鴻池運輸	【総合物流大手】鉄鋼、食品など生産・流通工程の業務に強み。	310,834	'20年3月期
9	福山通運	【路線トラック大手】西日本中心に小口雑貨に強い。集配効率化で先行。	292,999	'20年3月期
10	上組	【港湾総合運送大手】重量運搬物に強く、港湾輸送も担当。	278,815	'20年3月期
11	SBSホールディングス	【総合物流】M＆Aで急成長、多数のグループ会社を保有。	255,548	'19年12月期
12	日鉄物流	【港湾物流】港湾を発着とした国内重量物輸送サービスを提供。	223,925	'20年3月期
13	ニチレイロジグループ本社	【ニチレイ系】食品物流で全国およびグローバル展開。	206,496	'20年3月期
14	JFE物流	【JFEスチール系】港湾を発着とした国内重量物輸送サービスを提供。	205,900	'20年3月期
15	ニッコンホールディングス	【ホンダ向け主力】自動車などを輸送。梱包事業の収益性が高い。	199,512	'20年3月期
16	キユーソー流通システム	【食品物流大手】キユーピー子会社。冷凍冷蔵輸送でシェア上位。	172,185	'19年11月期
17	トランコム	【総合物流】中部を地盤に展開。物流情報サービス事業に強み。	163,463	'20年3月期
18	トナミホールディングス	【持ち株会社】傘下にトナミ運輸。物流の一括受託に注力。	138,167	'20年3月期
19	鈴与	【総合物流】静岡に拠点を置く総合物流企業、UPSと戦略提携。	135,323	'19年8月期
20	丸全昭和運輸	【区域運送大手】JFE、昭和電工が主要荷主。システムを強化。	122,801	'20年3月期

▶ 倉庫業界の売上高ランキング

NO.	企業名	特徴	売上高 （百万円）	決算期
1	三井倉庫 ホールディングス	【倉庫大手】文書保管・海外展開に強み。M＆Aで家電物流を拡大。	241,080	'20年3月期
2	三菱倉庫	【倉庫大手】陸上・港湾・国際輸送に強み。不動産が利益源。	229,057	'20年3月期
3	住友倉庫	【倉庫大手】港運業務を柱に内外一貫輸送。不動産開発にも力。	191,721	'20年3月期
4	日本トランスシティ	【中部の倉庫最大手】石油化学品に強み。物流加工・受託に注力。	101,620	'20年3月期
5	渋沢倉庫	【倉庫準大手】倉庫、航空など総合物流を強化。不動産も拡大。	66,831	'20年3月期
6	ヤマタネ	【文書保管】倉庫準大手で文書保管に重点。不動産賃貸併営。	54,759	'20年3月期
7	キムラユニティー	【愛知県地盤】トヨタの部品包装が主力。中国での事業基盤拡大中。	54,309	'20年3月期
8	ナカノ商会	【3PLサービス提供】倉庫サービスを一貫提供する物流会社。	47,949	'19年9月期
9	安田倉庫	【首都圏中心】旧財閥系。物流システムに強み。賃貸ビルも展開。	46,649	'20年3月期
10	東陽倉庫	【中部圏地盤】工業品から食品まで取扱う。国際物流にも進出。	29,661	'20年3月期

第5章

一歩先を行く物流業界の先進企業

109

Chapter5 02

日本通運（総合物流企業）

国内と海外で幅広い物流事業を営む日本通運

日本通運は、自動車台数（単体）1万4,299台、営業倉庫約1,100拠点、国内流通施設約2,400拠点（2020年3月現在）を有する日本最大の総合物流企業です。国際ネットワークを誇っています。

国策会社からスタートしてネットワークを拡大

国際通運
政府の保護下で全国貨物運送を扱っていた会社が合併した会社。

日本通運（以下、日通）は、1937年に「日本通運株式会社法」に基づく半官半民の国策会社として、民間企業・国際通運の業務を引き継ぐ形で発足しました。その後、1950年の「通運事業法」の施行とともに民間企業としてスタートしています。

現在、日通では、自動車運送事業、航空利用運送事業、船舶利用運送事業、内航海運業、鉄道利用運送事業、倉庫業、重量物の運搬・架設・設置およびこれに付随する事業、通関業など、幅広い物流事業を営んでおり、連結売上高は2兆803億円（2020年3月期）にのぼります。また、海外ネットワークも豊富で、48の国と地域、319都市に737拠点を有しています。

さまざまな物流機能によりロジスティクスを最適化

物流プラットフォーム
物流センターや車両などのアセット、輸送・保管・荷役などのサービス、物流システムを一つのしくみとして構築、ワンストップでの物流利用が可能。

ロジスティクス全体のコントロールタワー
高付加価値の物流サービスやさまざまな輸送モードを組み合わせ、ロジスティクス全体をコントロールする機能。

日通は、多彩な物流機能により効率的な物流プラットフォームを構築し、さまざまな分野の貨物を取り扱っています。倉庫面積は国内随一（約320万㎡）で、従来の在庫管理のみにとどまらず、情報システムや流通加工といった付加価値の高いサービスを提供しています。また、ロジスティクス全体のコントロールタワーとしての機能を有しています。

日通は「グローバル市場で存在感を持つロジスティクスカンパニー」を目指しており、国際物流を事業成長のエンジンと見ています。日本国内の物流市場の拡大が見込めない中、グローバル化を目指すのは当然ですが、それを実現できるのは一部の大手物流事業者だけであり、その筆頭となるのが日通です。ビジネスのグローバル化が進む現在、原材料の調達から販売までのプロセスを最適化するサプライチェーンの見直しや構築を支援しています。

▶ 陸・海・空の輸送手段を組み合わせて

トラック輸送	海上輸送

業界NO.1ならではのトータル物流。全国を網羅したきめ細かいネットワークで企業をフルサポート	定期高速船で全国8か所の主要港を結び、コンテナおよびトレーラー貨物を取り扱い

鉄道輸送	航空輸送

130年に及ぶ鉄道輸送のトップランナーとして、常に環境に配慮した輸送を提供	緊急性の高い保守パーツや定時性が求められる社内便業務などをサポート

第5章　一歩先を行く物流業界の先進企業

▶ 日本通運のセグメント別売上構成

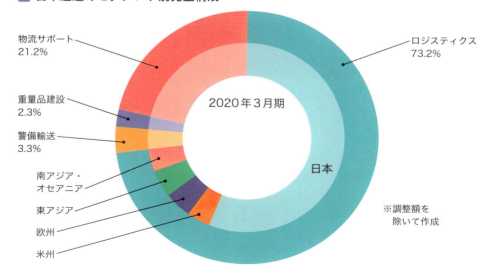

2020年3月期

- ロジスティクス 73.2%
- 物流サポート 21.2%
- 重量品建設 2.3%
- 警備輸送 3.3%
- 南アジア・オセアニア
- 東アジア
- 欧州
- 米州
- 日本

※調整額を除いて作成

111

Chapter5 03

センコー（総合物流企業）

社会的ニーズに合った事業を展開するセンコー

センコーは、自動車台数6,840台、総保管面積387万m^2（全国2位）、グループ事業所数670か所（2020年3月現在）を有する総合物流企業です。豊富な経験とノウハウを用いた3PL事業は、日本トップクラスのレベルです。

センコーグループホールディングス

センコーグループの純粋持株会社。傘下に130社以上のグループ会社があり、事業ごとに4グループ（物流、商事、ライフサポート、ビジネスサポート）に分類している。

PDセンター

PDはPhysical Distribution（物流）を略したもの。保管・荷役・流通加工の機能に加え、サプライチェーン上の情報を提供する機能を有する。

ビジネスサポート事業

「最適な物流システム」を実現するため、物流コンサルティング事業やITソリューションシステムの開発と運用を行う情報システム事業などを展開。

ライフサポート事業

生活者を支援する事業を展開している。具体的には介護や家事代行サービス、引越やレストラン、農業に関する事業を展開。

PDセンターの全国展開により物流事業を拡大

センコーは、1916年に日本窒素肥料（現・チッソ）の専属物流企業である「富田商会」として誕生し、1941年に「日窒運輸」と改組し、日本窒素肥料の子会社となりました。その後、戦後の財閥解体政策により1946年に解散し、同年、有志により「扇興運輸」が設立されます。1965年からは他社に先駆けてコンピューターによるシステムを導入し、1970年には物流コンサルタントの養成を開始するなど、情報力と提案力を高めていきました。1973年に社名を「センコー」に変更し、現在はセンコーグループホールディングス傘下の中核企業として活動しています。

1980年から保管・配送・流通加工などの複合機能を持つPDセンターの全国展開を開始し、1985年には従来の物流事業のほかに、ホームセンターの物流業務を開始し、総合スーパーやドラッグストア、アパレルなどの顧客も増え、現在のロジスティクス分野の拡大につながっていきました。

物流と商流で多角的な事業を展開

センコーは現在、物流や商流の事業を核として、多彩な事業を展開しています。グループ連結売上5,700億円のうち、物流事業の売上は3,927億円、商流事業の売上は1,613億円です。

物流事業では、国内外に拠点を展開し、顧客ニーズに合わせた輸送モードと、生産・販売戦略をサポートする物流センターを組み合わせたネットワークを構築してサービスを提供しています。

商流事業では、商品企画、製造、販売、調達などを行う商事事業と、海外との輸出入を行う貿易事業があります。そのほかにも、ビジネスサポート事業とライフサポート事業を展開しています。

▶ センコーグループホールディングスの中核企業「センコー」

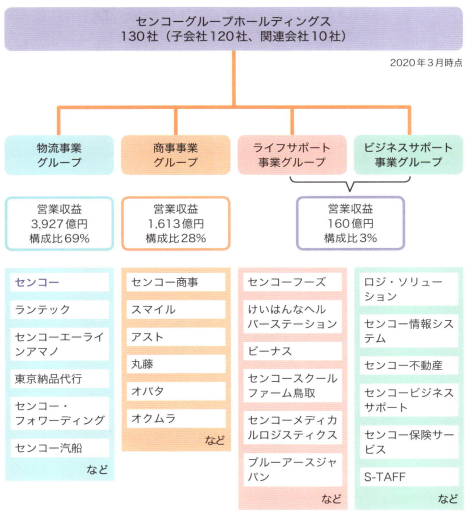

ライフサポート事業では、急激に進む高齢化に伴う介護や健康などの社会的ニーズに応えるため、人々の生活を支援する商品やサービスを提供しています。

Chapter5 04

日立物流（総合物流企業）

豊富な技術力で3PL事業を展開する日立物流

日立物流は、事業所数761か所（国内325か所、海外436か所）、グループ従業員4万5,328人、車両機材1万6,792台（2020年3月末現在）を有し、3PLの先駆者として位置づけられる総合物流企業です。

日立製作所の子会社として3PL事業を開始

日立製作所
日本の電機メーカーであり、日立グループの中核企業。世界有数の総合電機メーカー。

日立物流は、**日立製作所**の輸送部門が子会社として独立し、1950年に創業しました。その後、日立グループの物流業務を包括的に受託していましたが、1970年代からグループ以外の顧客も対象として事業を拡大していき、1985年に商号を日立物流に変更し、これまでに培ったノウハウと情報システムなどを活用して、本格的に一般顧客向けの営業をスタートしました。

日立物流の主な事業には、3PL事業、重量機工事業、フォワーディング（P.176）事業などがあります。なかでも3PL事業は主事業となっており、総売上の約6,723億円（2020年3月期）のうち、3PL事業は約4,556億円で、国内では売上高がトップです。

物流拠点ネットワーク
物品を効率的に輸配送するために配置された物流拠点網のこと。

技術力を駆使したソリューション提案

LOGISTEED
LOGISTICSと、Exceed、Proceed、Succeed、Speedを融合した日立物流の造語。

日立物流は、蓄積されたノウハウと情報システムにより、個々の企業のニーズに合致するソリューションを提案しています。国内だけではなく、海外にも広がる**物流拠点ネットワーク**を利用し、グローバルな物流運営が可能です。また、包装技術や物流改善などに特化した専門チームを有し、WMS（倉庫管理システム→P.136）の設計や効率的な物流拠点の運営などが行えるITの知識と技術力を備えています。

デジタライゼーション
デジタル化の意味で、主としてデジタル技術を用いて製品やサービスの付加価値を高めること。

現在は、IoT、AI（人口知能）、ロボティクス、フィンテック、シェアリングエコノミーなどの技術の進化や社会の変化に加え、デジタル化の進展によりサプライチェーンの構造も変わってきています。そのような中で、日立物流は、ビジネスコンセプトとして「**LOGISTEED**」を掲げ、グループおよび協創パートナーも含めた**デジタライゼーション**を推進し、誰もが参加できる**オープン**

オープンプラットフォーム
ソフトウェアなどにおいて、技術仕様やプログラムのソースコードなどを公開したプラットフォームのこと。

▶ スマートロジスティクスを実現するLOGISTEED

LOGISTEEDはスマートロジスティクスを通じて4流を束ね、サプライチェーンをデザイン

▶ 日立物流の3PLの強み

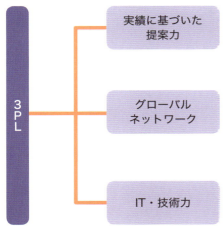

- 多用な業種の企業との取引実績は業界随一
- 解析結果から仮説を立案し、実績に基づいた具体的な提案と業務設計が可能

- 日立物流グループのグローバル拠点数は約760
- 日本／米州／欧州／東アジア／その他アジア太平洋の地域からなる運営体制を敷き、物流網を展開

- 物流の高度化と自動化／省力化において戦略的に取り組みを実施
- ITを活用して顧客のニーズにあった体制構築をすばやく実現
- 研究開発を推進するチームを保有

プラットフォームを構築することで、物流領域を基点（起点）としたサプライチェーンの効率化実現に取り組んでいます。

Chapter5
05

丸和運輸機関（中堅物流企業）

食品・医療・医薬物流を柱とする
丸和運輸機関

丸和運輸機関は、"桃太郎便"で親しまれてきた物流事業者です。独自組織「AZ-COMネット」を有し、3PL事業や、「ラストワンマイル配送」などに力を入れ、幅広く物流業界を支えています。

小売物流を得意とする3PL企業

1970年に創業者がトラック1台で起業し、1973年に丸和運輸機関が設立されました。その後、1990年代前半に企業の物流業務を一貫して請け負う物流事業に参入します。特に小売物流を得意としており、全国にあるグループ合計161拠点（2020年）で全国をカバーしています。

丸和運輸の事業は、大きく2つのブランドで展開されており、一つは「AZ-COM（アズコム）」事業、もう一つは「桃太郎便」という輸送事業です。

AZ-COMと桃太郎便の2ブランドの展開

AZ-COMは、「AからZまですべてのロジスティクスに関して、お客様が困っていること・悩んでいること・問題となっていることを、COM（コム）＝コミュニケーションを図りながら解決していく」というコンセプトで展開している事業です。EC・常温物流、低温食品物流、医薬・医療物流の3つの領域に強いのが特徴です。

桃太郎便は、顧客第一主義のもと、**チャーター輸送**や小口輸送に加え、インターネットスーパーやインターネット通販の配送、家具・家電設置組立などのサービスに対応している「トラック輸送」と「鉄道コンテナ輸送」の2つが主なサービスです。

配送ドライバー業をビジネスとする個人事業主の開業を支援する「MQA（Momotaro・Quick Ace）」を展開し、軽自動車による大手ECサイトの宅配などを請け負い、社会インフラとしての物流ネットワークの構築に貢献しています。近年、話題になっているラストワンマイル配送など、最終消費者へのサービスを、IT

チャーター輸送
「貸し切り便」とも言われており、トラックを貸し切り、輸送することを指す。

ラストワンマイル配送
ラストワンマイルとは、最終拠点からエンドユーザー（最終消費者）へ商品を届ける物流の最後の区間のことを指す。

116

▶ AZ-COMによる3PL事業の特徴

1. 調査	・現状のセンター運営方法、配送ルートを把握 ・業種は問わず調査を実施
2. 提案	・調査結果を元に、低コスト／高品質なロジスティクスを提案
3. 運営	・センター運営から配送までトータルサポート
4. 改善	・センター運営および配送を行う中で、新たに発見した課題をさらに調査し、改善案を提案

AZ-COM（アズコム）とは丸和グループが提供する3PL（サードパーティ・ロジスティクス）事業で、すべてのロジスティクスに関して、企業とコミュニケーションを図りながら解決していくという考え方。
調達、販売、店舗／店内物流、既成概念にとらわれないあらゆる領域をロジスティクスで永続的にサポートし、企業経営（利益）をサポートする。

▶ 軽自動車による桃太郎便の特徴

出所：丸和運輸機関Webサイトより

- 軽自動車のため、普通運転免許があれば運転可能
- 個人事業主として株式会社丸和運輸機関と業務委託契約を結び、桃太郎便として顧客に荷物を配送する「委託ドライバー」として働くことができる
- 当日お届けサービスの配送ネットワークを構築しており、担当地域にしか配送しないため、長距離運転がなく配送終了時間も決まっている

を活用することでローコストオペレーションを実施し、安心で確実なサービス提供を実現しています。

Chapter5 06

ヤマト運輸（宅配便企業）

日本の宅配事業のトップ企業である ヤマト運輸

ヤマト運輸は、宅配便などの各種輸送に関連する事業を行うヤマトホールディングスの子会社です。年間で約18億個（2019年3月期実績）の荷物を取り扱い、宅配便市場のシェアは42.3％で業界第1位です。

多彩なサービス展開により顧客ニーズに応える

ヤマトホールディングス
ヤマトグループの持株会社、ヤマトグループは連結子会社39社、非連結子会社・関連会社20社、持分法適用関連会社17社で構成。
（2019年3月）

ヤマト運輸（以下、ヤマト）の宅配事業の売上高は、**ヤマトホールディングス**の連結売上高である1兆6,301億円（2020年3月期）のうちの約80％を占めており、日本の宅配事業のトップ企業となっています。宅配便の取扱数量の構成比は、個人が7％、法人が93％です。セールスドライバー約6万人を抱え、国内に70ターミナル、約4,000営業所のネットワークを保持しています。法人顧客数は約100万社にのぼり、個人でも1日約500万件の取扱いがあります。

ヤマトのサービスには、通常の宅配便のほか、小さな荷物を送る「宅急便コンパクト」、小さな荷物をポストに届ける「ネコポス」、大きな荷物を送る「ヤマト便」、生鮮品を送る「クール宅急便」など、さまざまなものをサービスメニューとして持っており、時代の変化に合わせて顧客ニーズに対応しています。

価格の適正化などの構造改革に取り組む

PUDOステーション
Packcity Japan（パックシティ ジャパン）株式会社のオープン型宅配便ロッカー。
駅やスーパーなどに設置されており、都合の良いタイミングで荷物の受け渡しが可能。

近年、EC拡大による小口貨物の増加や、ドライバーなどの労働力不足などといった環境下でも、働き方改革を中心に据えた宅配事業の構造改革、収益・事業構造改革、持続的に成長していくためのグループ経営の構造改革などに取り組んでいます。

宅配事業の構造改革には、価格の適正化、顧客接点の多様化、サービスの利便性向上 などがあります。価格の適正化では、2017年10月、27年ぶりに宅急便基本運賃の改定を実施し、法人顧客との運賃適正化の交渉を行っています。顧客接点の多様化では、オープン型宅配便ロッカー「**PUDOステーション**」により、発送と受取の自由度を向上させています。また、個人向け会員制

118

▶ ヤマト運輸の宅配事業の特徴

国内宅配便シェア	42.3%	宅配便センター数	約7,000店
国内宅配便年間取扱い数量	約18億個	従業員数	約22.5万人
国内宅配便ネットワークカバー率	100%	セールスドライバー	約6万人

▶ ヤマト運輸の宅配便集荷から配達までの流れ

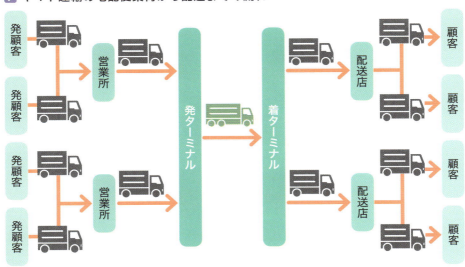

・全国の顧客（個人・企業）から集貨し営業所に集約
・発ターミナルに持ち込み、大型トレーラーで着ターミナルに輸送
・配送店を経由して顧客への配送を実施

サービス「クロネコメンバーズ」でECサイトやLINEなどと連携させることで、配達先の変更を行ったり、宅急便の事前通知メッセージを配信したりなど、コミュニケーション機能の向上を図っています。

Chapter5 07

西濃運輸（特別積合せ貨物運送企業）

トップクラスの物流インフラを持つ西濃運輸

西濃運輸は、国内700拠点以上、車両台数約3万台以上を有し、日本全国に輸送ネットワークを保有する、企業間物流トップクラスの物流企業です。「運べないものはない」といわれるほどの高い輸送能力を備えています。

トップクラスの拠点数と高い輸送能力

セイノーホールディングス
セイノーグループの持株会社。傘下に100社以上のグループ会社があり、事業ごとに4グループ（輸送、自動車販売、物品販売、不動産賃貸）に分類している。

BtoB
"Business to Business"の略で、企業と企業の取引きのことを表す。

ダブル連結トラック
通常の大型トラックは全長約12mだが、ダブル連結トラックは荷台部分にもう1台連結されており、トラック約2台分の輸送力があり、運転にはけん引免許が必要。

セイノーホールディングスの中核企業である西濃運輸は、昭和5年に創業した田口自動車を前身とし、従来の西濃運輸をセイノーホールディングスに商号変更して2005年に新たに設立されました。以来、着実に成長しており、関連企業は輸送グループや自動車販売グループなど92社にのぼり、従業員は約2万9,000人となっています（2020年3月期）。

西濃運輸は、全国拠点数748か所（グループ含む）、総車両台数3万2,000台（グループ含む）の物流インフラを保有し、「BtoB」ではトップクラスです。また自然災害の発生時にも、多数の拠点を持つ強みを活かし、いち早く輸送を再開させ、被災地や各地域などに荷物を送り届けることができるなど、高い輸送能力を持っています。

輸送品質では、特異な形状で規格が合わず、他社では輸送できないような荷物でも、1品1品、適切な梱包を施して輸送し、「運べないものはない西濃運輸」として知られています。

ワンストップで顧客ニーズに応える体制

西濃運輸は、大型トラックだけで1日約4,000便という、高い輸送能力や自社便率を強みとしています。全国どこでも、どのようなニーズにも応えられるよう、ただ「運ぶ」だけにとどまらず、材料の調達から輸送までを一貫して行うことで、顧客のビジネス効率化やコストダウンに貢献しています。

また、海外事業にも力を入れ、国際物流も含め、ワンストップで顧客ニーズに応えられる体制の実現に向けて取り組んでいます。さらに、運転手一人で大型トラック2台分の荷物を運べる「ダブ

▶ 大手4社による共同幹線輸送

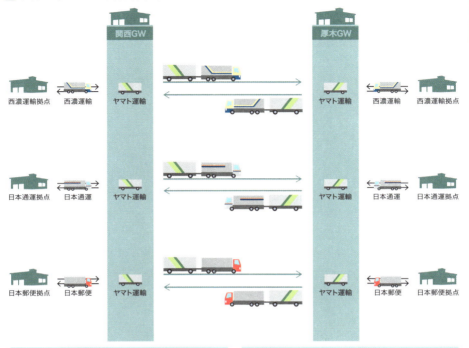

3社のトラクタが、ヤマトグループの関西ゲートウェイ（関西GW）と厚木ゲートウェイ（厚木GW）でヤマト運輸のトレーラーを連結

合計6台が幹線輸送を行い拠点間を相互に運行

▶ ダブル連結トラックのメリット

写真提供：西濃運輸株式会社

運転手一人で大型トラック2台分の荷物を運ぶことが可能であり、トラック輸送の省人化を促すために導入されている。ダブル連結トラックは小口輸送ではなく、拠点間における輸送に利用される。

ル連結トラック」を、同業他社と連携しながら導入することで、業界全体を効率化させ、国内輸送のプラットフォームを構築しています。

Chapter5
08

ホームロジスティクス（物流子会社）

製造物流IT小売業を支える
ホームロジスティクス

ホームロジスティクスは、ニトリホールディングス傘下の物流事業者です。
物流センター12拠点、配送センター78拠点、発送センター11拠点で、年
間807万件を超える配送を請け負っています。

人口カバー率99％の配送ネットワークを保持

ホームロジスティクスは、2010年8月にニトリの物流部門が
分社化してできた物流子会社です。物流として大きく5つの事業
を掲げており、ラストワンマイル配送（P.116）、幹線輸送、3PL、
国際物流、物流ソリューションがあります。

設立時には全国47都道府県の配送網が構築されており、現在
では全国46都道府県に営業所を設置し、国内人口カバー率99％
の配送ネットワークを確立しています。

海外50以上の地域から商品を輸入していますが、その規模は
年間およそ17万**TEU**（20フィートコンテナ換算）になり、日本
国内でトップクラスを誇っています。

製造物流IT小売業として徹底した物流管理を行う

ホームロジスティクスは「**自前主義**」を掲げており、**IE手法**に
よりすべてのプロセスを数値でとらえ、徹底した物流コストの管
理により、「高品質・低価格」の商品提供を実現しています。グ
ループの「製造物流IT小売業」という独自のビジネスモデルを
活かし、成長を支える土台として物流を位置づけています。

また、テクノロジーによる省力化、エアコンや大型ファンの導
入による大型倉庫の庫内環境の整備、物流企業のサポートなどに
積極的に取り組み、移動型納品訓練トラック「モバイル・トレー
ニング・ユニット」による納品訓練も行っています。

社会課題に目を向け、あらゆる人が物流業界で働きやすい環境
を実現することを目指しています。

TEU

コンテナ個数を20
フィートで換算して
表した単位のこと。
20フィートコンテナ
1個分を1TEUと呼
ぶ。

自前主義

自社の技術・しくみ
だけを用いて事業を
完結とする考え方で、
ホームロジスティク
スでは製造・物流・
販売など、すべてを
自社で行うことを表
す。

IE手法

「IE」とは、「Industrial
Engineering」（イ
ンダストリアル・エ
ンジニアリング）の
略で、経営目的を定
め、それを実現する
ために、環境（社会
環境および自然環
境）との調和を図り
ながら、人、物（機
械、設備、原材料、
補助材料およびエネ
ルギー）、資金およ
び情報を最適に設
計・運用し、統制す
る工学的な技術・技
法の体系のこと。

122

▶ ホームロジスティクスの物流事業の特徴

一貫物流

ラストワンマイルまで一貫したインフラおよびノウハウを保有。高品質のトータルロジスティクスを実現

倉庫事業

所有する物流センターの総延床面積は約24万坪、東京ドーム約17個分
さらにIT化・機械化の促進で将来を見据えた時代のニーズに応える

ラストワンマイルの配送事業

設置・組立てまで行うラストワンマイル配送のセールスマンへの教育にも力を注ぎ、年間810万件を超える配送を請け負う

幹線輸送事業

主要拠点間を大量輸送する幹線輸送では、1日平均600便、年間約21万台のトラックが稼動混載輸送によるコスト低減や迅速化にも対応し商品を絶え間なく供給

国際物流事業

海外物流センター（3拠点）を通じ、50以上の国・地域から年間17万TEUもの商品を輸入。単独企業の取扱量としては国内最大規模

Chapter5
09

ニチレイロジグループ本社（物流子会社）

低温物流ネットワークを構築する
ニチレイロジグループ本社

ニチレイロジグループ本社は、490万m³の冷蔵設備能力を備える保管型物流拠点と、30か所を超える通過型物流拠点を有し、日々7,000台の車両運行台数を取り扱う低温物流ネットワークを構築しています。

冷蔵設備能力はトップクラス

ニチレイロジグループ本社（以下、ニチレイロジ）は当初、ニチレイの低温物流部門でしたが、2005年に分社化されました。現在では、子会社30社、関連会社8社の合計38社（2020年）の組織となっています。また、売上高は2,065億円（2020年3月期）で低温物流企業の中ではトップです。

ニチレイロジの冷蔵設備能力は約490万m³あり、国内シェア9.5％と、国内でトップクラスの能力を有しています。「労働力不足が続いているであろう10年後も低温物流業務を確実に展開する」ことを念頭に置き、現在のスタッフで業務を乗り切ることができるよう、輸配送や庫内など、多岐にわたる施策を推進しています。

冷蔵設備能力
冷蔵倉庫の保管可能容積を1m³＝0.4トンの換算率で換算した数値。

ITを駆使してペーパーレス化や省人化に挑戦

ニチレイロジが主に取り組んでいる課題として、①ペーパーレス化、②誰でもできる化、③無人化・省人化、④トラックの待機問題解消、⑤事務の効率化、⑥新技術活用、があります。

①ペーパーレス化では、冷蔵倉庫内の作業にタブレット端末を導入し、入荷検品業務の改善を図っています。これにより、現場の検品作業時間が3割程度減るなどの成果が出ました。また各拠点では、受注業務において、手入力ではなく文字認識ができるOCR（光学式文字読み取り装置）を活用しています。さらに、2018年からRPA（P.74）も採用し、事務の効率化を図っています。

④トラックの待機問題解消では、クラウドを活用したトラック予約システムを、日本ユニシスと連携して国内の物流センターに展開しています。ほかにも、③無人化・省人化の一環として、庫

新技術活用
作業生産性を高めるため、ITを中心とした業務サポートシステム・ツールを利用。

OCR
（Optical Character RecognitionまたはOptical Character Reader）
画像データのテキスト部分を認識し、文字データに変換する技術。

▶ ニチレイロジグループ本社の強み

設備能力／集荷力	・保管能力は国内最大級 ・物量が多く立地優位性の高い大都市圏の畜産品の生産地にも倉庫を保有
多様なサービス	・全国の保管拠点と配送網を活かし、保管、附帯サービス、配送に到るまでトータルサービスを展開 ・大手小売店向けの配送センターを36か所運営
品質管理／信用力	・高品質な運営を可能とするノウハウ ・ニチレイブランドの信用力をベースに年間約5,000社との取引実績

▶ 国内最大を誇る冷蔵倉庫設備

地域	拠点数	冷蔵能力（千トン）
北海道	7	88
東北	4	64
関東	18	544
中部	10	195
関西	14	278
中四国	12	130
九州	14	176
合計	79	1,475

内での無人フォークリフトの実証実験。AI（人工知能）を駆使し
たトラックの自動配車実験など、多角的な取組みを進めています。

Chapter5 10

ASKUL LOGIST（物流子会社）

EC専門の物流子会社
ASKUL LOGIST

ASKUL LOGIST株式会社は、事業所向け通販最大手「アスクル株式会社」の物流子会社として誕生しました。EC専門の総合物流企業として、事業所向け「ASKUL」、および個人向け「LOHACO」の物流・配送機能を担っています。

アスクルの物流効率向上を目的に設立

ASKUL LOGISTは、2009年4月、アスクルのサービスの物流効率向上と、一体的な事業展開を図ることを目的に設立された物流子会社です。「ASKUL LOGIST」という社名は、最高（BEST）のロジスティクス（LOGISTICS）を顧客に提供するというミッションを表しています。

ASKUL LOGISTの売上高は398億円（2019年5月期）で、3,088人の従業員（2020年5月現在）を抱え、物流、配送、ECサポートの3つの事業を展開しています。

ITやAIにより多品種のアイテムを管理

ASKUL LOGISTの物流事業では、最先端の物流設備や物流機能などを導入し、AIなどの技術を積極的に採用して、最新の物流システムにより多品種のアイテムを管理しています。これにより、受注から出荷、納品までを効率よく、正確に行うことができ、スムーズな配送につなげることができます。

さらに、蓄積された知識と経験を活かすことでQCDES（生産計画および管理品質マネジメント）の向上を実現し、品質と付加価値の高い物流サービスを提供し、アスクルの売上アップに貢献しています。

配送事業では、お客様のあらゆる要望に応える「CSD（コンシェルジュサービスドライバー）」が活躍しています。

ECサポート事業では、独自の在庫管理システムの導入による初期開発費用の低減、在庫の可視化による物流コストの低減も図っており、現在までに複数社でのコスト削減を実現しています。企業のテーマである物流のシステム化を提案・実践しています。

QCDES
サービスの評価において重要な指標の頭文字。Quality（品質）、Cost（価格）、Delivery（納期）、Environment（環境）、Safety（安全）を指す。

126

ASKUL LOGISTのITやAIを活用した物流システム

高速自動倉庫の導入

高速自動倉庫の導入による歩行作業のゼロ化

高速梱包機の導入

高速梱包機の導入による顧客へ届ける荷物サイズの最適化

進捗管理システムの導入

進捗管理システムを活用した人員配置の最適化

物流テクノロジーの活用によって、ASKULの顧客ニーズ「すぐに届けてほしい」「明日の業務に必要」の充足と働く人への環境づくりを両立する

出典：ASKUL LOGIST Webサイトより

ASKULとLOHACOの違い

	ASKUL （BtoB事業）	LOHACO （BtoC事業）
売上高 （2020年5月期）	3,290億円	633億円
取り扱い商品数	約750万アイテム	不明
顧客	中小事業所から中堅大企業	個人消費者
販売ツール	カタログ、ウェブ	ウェブ
納品条件	当日配送エリア 11時までのご注文：当日お届け 18時までのご注文：翌日お届け 翌日配送エリア 18時までのご注文：翌日お届け	翌日配送エリア 15時までのご注文：翌日お届け 時間帯指定配送
物流拠点数	8か所	2か所

Chapter5

11

三菱倉庫（倉庫企業）

医薬品と食品の物流を強化する三菱倉庫

三菱倉庫は、倉庫事業を中核に陸上運送、港湾運送、国際運送などの各事業を行う物流部門と、ビル賃貸が中心の不動産部門の2つの事業から成る大手倉庫企業です。最近では医薬品と食品の物流部門が重点分野となっています。

物流部門と不動産部門で事業を展開

三菱倉庫は、三菱グループに属している130年以上の歴史ある企業です。1887年に三菱為換店（1880年3月開業）の倉庫業務を継承し、東京・深川に有限責任東京倉庫会社として設立され、1918年に三菱倉庫に商号変更しました。

三菱倉庫グループは、物流部門と、ビル賃貸業を中心とした不動産部門に大きく分けられます。連結売上高2,291億円（2020年3月期）のうち、物流部門は1,897億円、不動産部門は412億円です。

医薬品と食品における物流部門の強化

三菱倉庫の2030年への目指す姿である「MLC2030ビジョン」には、顧客起点のサポート体制の確立、海外事業の拡大、港運および不動産事業における安定した利益の確保、業務プロセスの改善と新技術の活用促進、グループ経営基盤の強化、が掲げられています。

三菱倉庫は、特に医薬品と食品を物流部門の重点分野としてとらえており、医薬品専門運送子会社であるDPネットワークとともにサービスを提供しています。物流業界では他社に先がけ、「PIC/S」医薬品の流通過程における品質管理基準「Good Distribution Practice（GDP）」に準拠した、新たな医薬品保冷配送サービスを開発してきました。

また、2019年8月には、医療機関への流通を担うメディパルホールディングスとの業務提携と、メディパルホールディングスによるDPネットワークへの出資を発表しました。これにより全体最適な医薬品流通の体制構築を目指し、検討が進められていま

MLC2030ビジョン
三菱倉庫グループが2030年に目指す姿のことで、MLCは三菱倉庫の英文社名「Mitsubishi Logistics Corporation」の略。

DPネットワーク
医薬品輸配送の一層の品質強化を目的として、2011年に設立された三菱倉庫グループの医薬品輸配送専門の運送会社。

Good Distribution Practice（GDP）
輸送中の温度管理、機材の適格性の確認、従事者への教育など多岐にわたり高度な管理体制を含む国際的な基準。

128

▶ 三菱倉庫の組織と事業内容

倉庫事業

さまざまな業界の多種多様な商品に保管サービスを提供

必要なときに・必要な場所に・必要なだけ供給。単に保管をするだけでなく、在庫管理や、商品の付加価値を高める役割も担う

港湾運送事業

国内主要港において、コンテナを中心とする貨物の船舶積卸しを統括管理するなど、港での物流サービスを提供

船舶の輸出入、船籍登録および石油掘削リングをはじめとする特殊船舶の代理店業務など、船舶関連サービスを提供

国際輸送事業

国境を越えてDoor to Doorのサービス提供が可能

海外での倉庫・配送センター運営も展開

独自のグローバルネットワークと、船舶・航空機・鉄道・トラックなどのさまざまな輸送手段を駆使し、最適な物流ルートを提案

不動産事業

約50棟、延べ床面積約90万m²にのぼる不動産施設（オフィスビル、商業施設、住宅）の賃貸事業のほか、分譲マンションを保有

高い事業継続性を備え、環境負荷の低減に配慮した「災害に強い環境配慮型オフィスビル」の開発も積極的に進出

▶ DPネットワークの輸配送の特徴

医薬品共同輸配送

強固な輸配送ネットワークを駆使し、高品質な共同輸配送を提供

常温品だけではなく、保冷品の共同輸配送にも対応

チャーター便輸配送

物量や形状などに応じた車両を用意し、輸配送を実施

温度管理が必要な場合は、検証された車両を用意

管理品輸配送

温度管理：2〜8℃、5℃以下、15〜25℃

特殊医薬品：向精神薬、毒薬

その他サービス

時間指定輸配送	保冷BOX輸送
国際配送 （三菱倉庫への取次）	航空便輸配送 （取次）

す。また、医薬品分野における物流施設の高度化のため、積極的な投資なども行っています。

第5章 一歩先を行く物流業界の先進企業

129

COLUMN 5

配送シミュレーションは、基本的な考え方が大事

近年、情報システム技術の進歩により、クラウド型でサービスを提供する配送シミュレーションソフトウェアが登場しています。

シミュレーションソフトは、条件をできるだけ細かく設定し、現実に近づけるチューニングをすることで業務に利用できますが、その基本を理解しておくことは大切です。

配送体制を検討する場合、配送エリアの広さ、配送軒数、配送ロット、配送制約条件と車種がポイントとなります。

検討に際しては「物量密集度」という指標を使うと検討が簡単になります。物量密集度とは、納品先に着いたときから、次納品先に到着するまでの時間のことで、単位は「分/軒」です。「軒」となっているのは、複数の発注でも、同じ配送先に届けるものがあればその配送業務を一緒に行うためです。

物量密集度は、納品先での納品貨物の荷卸時間と次の納品先までの移動時間で構成されています。

荷卸時間は、配送ロットによって変化します。移動時間は配送エリアの広さと配送軒数で変化します。たとえば、荷卸時間が10分、移動時間が10分の場合、物量密集度は20分/軒となります。1日100軒の配送があると2,000分の時間が必要になります。トラック1台の配送可能時間が5時間（300分）とすると、7台は最低必要ということがわかります。

さらにトラックの車種とロットの関係から1運行で積載できる軒数が決まります。拠点の往復と積込時間が取れる場合は、2運行も考慮する必要があります。先の例では、1台のトラックは15軒の配送が可能ですので最大積載量4トンのトラックで積載効率80％とし、荷姿の問題を別にしますと、平均ロットが240Kg/軒まで配送可能となります。平均ロットがそれを超える場合は、1運行での配送可能軒数が減少することとなり、運行数は増加することになります。

実際には、車種や納品条件など複雑な条件を考慮した検討となりますが、シミュレーションソフトを活用することで短時間で検討が可能で、実務にも活用できる時代です。

第 **6** 章

物流を支える
最新技術

アナログなイメージのある物流業界ですが、テクノロジーの進歩に伴い物流現場でもさまざまな技術が導入されています。現場の機械化の流れが進む物流業界が今後どのように進んでいくのか見ていきましょう。

Chapter6 01

イノベーションの変遷

人力からITシステムへ「ロジスティクス4.0」

最初の物流革新は19世紀後半から始まりました。時代とともに変遷してきた物流業界は、人的リソースに頼らない装置産業化へと進んでいくことが予測されています。

ロジスティクスでのイノベーションの変遷

物流業界は人の労働力に頼る割合が高い労働集約型産業であり、少子高齢化が進む中、脱労働集約型産業を早急に目指す必要があります。

コンサルティング会社であるローランド・ベルガー社の小野塚征志氏が、ロジスティクスにおけるイノベーションの変遷を「ロジスティクス4.0」としてまとめています。そのポイントとして、第1の革新（ロジスティクス1.0）は、19世紀後半から20世紀にかけての「輸送の機械化」であり、大量輸送時代の幕開けでした。第2の革新（ロジスティクス2.0）は、1960年代からの「荷役の自動化」です。自動倉庫や自動仕分けといった物流機器の実用化により倉庫内の荷役作業が一部機械化されることになりました。第3の革新（ロジスティクス3.0）は、1980年代からの「物流管理のシステム化」です。WMSやTMS（P.136,138）といったITシステムの活用が広がることで、在庫や配送などの物流管理の自動化・効率化が大きく進展しました。第4の革新（ロジスティクス4.0）は、「IoTの進化による省人化・標準化」とするものです。

ロジスティクス4.0

つまりロジスティクス4.0は、判断や操作などの属人的だった物流が、IoTやAIなどの次世代テクノロジーに置きかわり、人的リソースに頼らない物流の装置産業化が進むという考えで、急速に現実化しています。これは、物流ノウハウを持つ物流会社でなくても物流サービスの提供ができ、膨大な資本を持つメーカーが物流事業を手掛けることが可能になるということです。

これからの物流業界は、今まで以上に多くの資本力と、先を見

ロジスティクス4.0
ローランド・ベルガー日本法人のパートナーの小野塚征志氏が提唱する物流の新たなイノベーションのこと。

IoT
P.146参照

NACCS（図中）
NACCS（Nippon Automated Cargo and Port Consolidated System）は、入出港する船舶・航空機および輸出入される貨物について、税関その他の関係行政機関に対する手続きや民間業務をオンラインで処理するシステムのこと。輸出入・港湾関連情報処理センター株式会社が運営する。

ロジスティクス4.0

出典：小野塚征志『ロジスティクス4.0物流の創造的革新』（日経文庫）より作成

ロジスティクス4.0による省人化

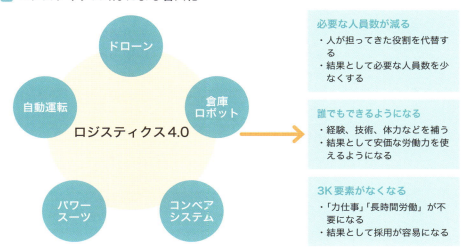

出典：小野塚征志『ロジスティクス4.0物流の創造的革新』（日経文庫）より作成

据えた設備投資、そして何よりも情報ネットワーク構築が必要となります。IoTやAIによる次世代物流システムに積極的・戦略的に投資し、優れたビジネスモデルを確立した企業だけが生き残り、そうでない企業は淘汰されていくでしょう。

Chapter6
02

物流の課題解決に必要なIT

物流情報（ビッグデータ）を活用して業務改善を図る

課題解決の重要なポイントは、ITを活用した情報分析です。今まで使われることの少なかった物流情報は宝の山であり、物流情報を使いこなすことが重要です。

物流業界の課題

物流業界は、従業員の高齢化が進み、人手不足が慢性化しています。また、顧客からの物流ニーズは年々複雑化し、いかにこの難局を乗り切るかが大きな課題となっています。近年、これらの課題を解決するために、IoTやAIなどの導入を推進する企業が増えており、物流情報の活用が重要なポイントといえます。

物流情報の活用

物流情報を活用することで、①業務の安定化、②業務の効率化（コスト削減）、③顧客サービスの向上（品質向上）が図れます。

①業務の安定化に必要なものは、物流を行うための正確な情報です。商品が移動する過程では、さまざまな情報（発注、納品、仕入れなど）がやり取りされます。これらの情報は、企業間で同期化され、正確でわかりやすいことが重要です。

②業務の効率化は、物流情報を集計・分析することで実態を把握し、効率化を図るものです。たとえば、KPI管理を行うことで、物流現場の情報が蓄積され、現場の業務内容が見えてきます。業務内容が見えれば、より具体的な改善策をとることも可能になります。また、現実と理想のギャップから、今後の到達すべき目標設定を行い、さらなる効率化を目指すこともできます。

③顧客サービスの向上は、膨大な情報（ビッグデータ）に対し、最新のITを活用することで顧客満足度を向上させるものです。これらを実現するためには、WMSやTMS、およびこれらを総合的に管理するLMSなどの統合管理システムが必要となります。物流情報を分析し、物流コストの低減策や、輸配送の効率化策を顧客に合わせて進言することが可能となります。

KPI
重要業績評価指標（Key Performance Indicator）組織の目標達成の度合いを測る指標。
→P.78参照

LMS (Logistics Management System)
商品の仕入れから顧客への供給までの物流を管理・統合するシステム。複数の拠点の在庫情報なども一元管理し、タイムリーに可視化する。

▶ 物流情報活用のポイント

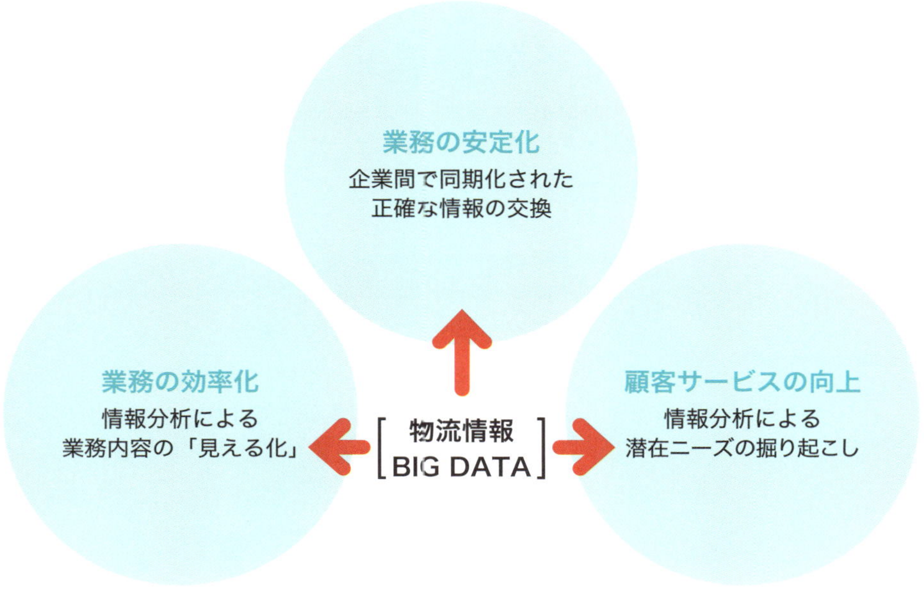

- **業務の安定化**
  企業間で同期化された正確な情報の交換

- **業務の効率化**
  情報分析による業務内容の「見える化」

- **顧客サービスの向上**
  情報分析による潜在ニーズの掘り起こし

[物流情報 BIG DATA]

▶ IT活用による物流管理（実行系システム）

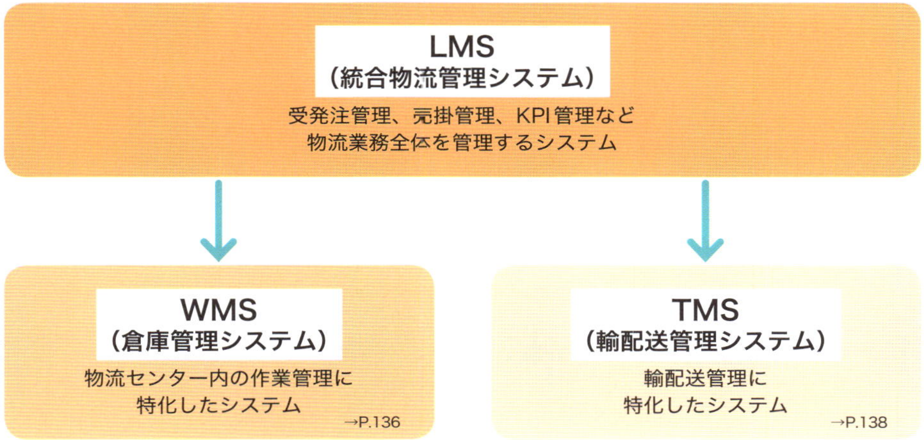

LMS（統合物流管理システム）
受発注管理、売掛管理、KPI管理など物流業務全体を管理するシステム

↓ ↓

WMS（倉庫管理システム）
物流センター内の作業管理に特化したシステム
→P.136

TMS（輸配送管理システム）
輸配送管理に特化したシステム
→P.138

第6章 物流を支える最新技術

Chapter6 03

倉庫管理システム（WMS）

物流センターの物品管理を効率化する倉庫管理システム

倉庫で取り扱う物品の管理業務が複雑な場合、倉庫管理システム（WMS）の導入は欠かせません。WMSの導入により、物流の可視化や標準化を推進し、物流管理の高度化が図れます。

倉庫内の物品と作業を管理するシステム

ERP（Enterprise Resource Planning）
「経営資源計画」ともいわれ、部署ごとに分断されていたヒト・モノ・カネの情報（生産、販売、購買、在庫、人事、会計）を一つのデータベースで統合管理し、経営活動を合理的に進めようとするもの。→P.28参照

近年の複雑化した物流管理をERP（基幹系システム）では管理しきれず、物流に特化した管理システムが必要になりました。倉庫管理システム（WMS）は、倉庫で取り扱う物品を管理するシステムで、倉庫内物流作業を管理し、効率化する機能があり、具体的には、入出庫管理、在庫管理、棚卸管理、作業実績管理、商品情報などのマスタ管理の機能があります。

マスタ管理
企業内で共通活用される「マスターデータ」のことで、企業内業務システムを構築する際の基本となる情報データのこと。

WMS導入の目的は、①物流管理を容易にする、②物流や物流管理業務を可視化する、③作業を標準化することでミスを軽減する、④出荷検品機などのマテハン機器との連携で作業生産性を向上する、⑤予定や実績データを蓄積し管理・計画化する、などがあります。また、WMS導入のタイミングとしては、従来の書類による管理の限界や、現在導入している管理システムの老朽化などが挙げられます。

倉庫管理システムには2つの導入形態がある

AWS（Amazon Web Services）
Amazonが提供しているWebサービス。インターネットを介してサーバー、ソフトウェア、データベースなどさまざまなサービスを提供している。

WMSには大きく分けて「オンプレミス型」と「クラウド型」の2つの導入形態があります。オンプレミス型は、自社でサーバーを所有し、パッケージソフトなどを活用して自社の利用目的に合わせた専用システムを構築するもので、使い勝手のよいものを作ることができます。一方、クラウド型は、自社でサーバーを所有せず、インターネットを介して提供されるサービス（AWSなど）を活用するものです。費用面では、オンプレミス型はプログラム開発やサーバー維持に多くの費用がかかります。クラウド型は、初期投資を多くかけずにシステムを利用できますが、システム使用料として毎月定額の費用を支払う必要があり、どちらも一

▶ ERPとWMSの関係

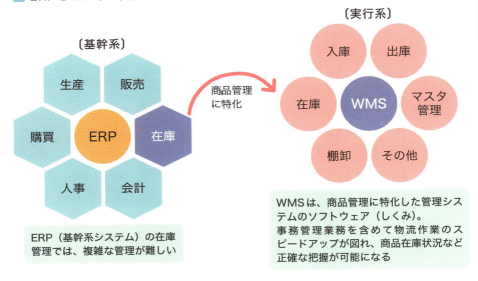

▶ WMSの機能の例

業務	機能		
入庫業務	・入荷予定情報の取込み ・入荷予定情報の照会 ・入荷検品	・入荷状況の照会 ・入庫ラベルの印刷 ・入庫入力	・作業実績の照会（進捗）
出庫業務	・出荷指示情報の取込み ・出荷指示情報の変更、取消し ・出荷（仮）引当処理 ・出荷引当の取消し	・ピッキングリストの印刷 （オーダー、トータル、アソート） ・出庫の取消し ・出荷検品処理	・一括出荷検品処理 ・出荷検品の取消し ・出荷状況の照会 ・積込入力
在庫業務	・在庫の照会 ・受払履歴の照会 ・先入先出機能	・ロットの管理 ・在庫属性の変更 ・荷姿の変換処理	・賞味期限の管理 ・ロケーションの管理
棚卸業務	・棚卸指示の入力 ・棚卸指示の照会	・棚卸差異の照会 ・棚卸実績の確定	
マスタ管理	・寄託者マスタ ・商品マスタ	・商品属性マスタ ・ロケーションマスタ	・取引先マスタ ・納入先マスタ
その他	・セット組み ・名義変更	・流通加工（棚出、棚入） ・入荷予定情報の取込み	・出荷指示情報の取込み ・廃棄指示

長一短があります。そのため、自社に合った適切な導入形態を比較検討する必要があります。

輸配送管理システム（TMS）

Chapter6
04

正確な配送計画の作成に役立つ 輸配送管理システム

常に移動している輸配送車両を管理することは容易ではありません。輸配送管理システム（TMS）は、輸配送業務の実態を把握し、効率的な配送計画の作成を可能とします。

配送計画や運行状況などを管理するシステム

輸配送管理システム（TMS）は、物品の輸送や配送を管理するシステムです。倉庫、物流センターなどの発送元から、消費者などの納品先まで、輸配送全般にわたる管理を行うことができます。TMSの機能としては、①輸配送前の配車計画を行う機能、②運行状況を管理する機能、③運行実績を管理する機能、などがあります。輸配送コストは、物流コストの中でも比率が大きいことから、TMSを導入し輸配送を管理することで、輸配送コストの削減を図ります。

配車計画
配送当日の配送物量や配送先の情報から、効率的な配送ルート組みを行うこと。

熟練の配車担当でなくても配車が可能

配送計画はこれまで、配車担当者の経験に頼ることが多くありました。また近年、納品先や納品条件などが複雑になっていることも重なり、熟練の配車担当者以外が効率的な配車計画を作成するのには限界がありました。しかし、地図情報やGPSによる位置情報、過去の配送実績などを活用することで、熟練の配車担当者でなくても効率よく配車計画を作成できるようになっています。最近では、AIの活用により、より正確な配車計画が作成可能です。これにより、車両の積載効率や実車率（P.70）が向上し、輸配送コストの削減も期待できます。

GPS車両位置管理
インターネットに接続したパソコンやスマートフォンなどから、リアルタイムで車両の位置情報や走行状況などが確認できるシステム。

運行状況を管理する機能では、GPS車両位置管理により、納品時間を管理できます。また、納品伝票ナンバーをキーとした貨物追跡により、リアルタイムで貨物の位置を照会可能です。さらに、デジタルタコグラフで法定速度を監視し、業務終了後には、運転日報を自動作成して、ドライバーの運行管理を行います。

また、運行実績を管理する機能では、日々の運行台数や物量、

▶ TMSの具体例

TMSは、輸配送管理に特化した管理システムのソフトウェア（しくみ）。
輸配送運行状況が見える化でき管理がしやすくなる。また、運行実績などから将来の輸配送が計画しやすくなる

▶ TMSの機能の例

業務	機能
受付業務	・積込み開始の登録 ・センター出発の登録 ・店舗到着の登録 ・休憩の登録 ・集荷カート数の登録 ・業務完了の登録
配車業務	・店舗物量の情報画面（追加・更新） ・ルート別配送の情報 ・優先配送の情報 ・号車の情報画面（追加・更新） ・混載指定の処理 ・運賃の計算機能 ・予測配送時間の算出機能
集車業務	・車両勢力の作成 ・車両台数の予測
物流予測	・過去データの指標の作成 ・予測データから物量の取込み ・店配カート数の予測 ・集荷カート数の予測
マスタ管理	・企業マスタ ・店舗マスタ ・ルートマスタ ・方面マスタ ・業者マスタ ・車両マスタ ・ドライバーマスタ ・配送距離マスタ ・カート数算出指標管理マスタ ・車種マスタ ・担当者マスタ ・アイコンマスタ ・運賃マスタ ・持込ベンダーマスタ
その他	・電子掲示板 ・配車情報の一覧 ・走行位置情報 ・配送ダイアグラムの作成 ・持込ベンダーの管理 ・納品代行状況の一覧

荷主に対する請求運賃、配送事業者への支払い運賃などを管理できます。毎日、データを蓄積して管理することで、月末月初の月次決算が効率的に行えます。

Chapter6
05

仕分け技術

自動化が進む工場や倉庫での仕分け作業

仕分け作業は、物流業務の中でも作業比率が高く、人手が必要とされるものです。仕分け作業の機械化は容易ではありませんが、今後の少子高齢化や労働力不足を考えると必要不可欠な取組みです。

機器の導入により自動化される仕分け作業

仕分けとは、工場や倉庫などに集められた物品を、用途や目的などに合わせて細かく分類していく作業のことです。そのため作業者は仕分けミスを起こさないように細心の注意が求められます。

仕分けを行う機器には、大きく分類して、「仕分け補助機器」と「自動仕分け機器」があります。仕分け補助機器は、仕分け作業を効率化するため、作業者の視覚と聴覚へ的確に作業指示を出す機器です。主にハンドヘルドターミナル（HHT）、音声システム、ピッキングカート、デジタルアソートシステム（DAS）などがあります。自動仕分け機器は、段ボールケースや折りたたみコンテナ、単品商品などを、人手を介することなく自動で仕分ける機器で、ソーターやピッキングロボットなどが代表的です。

機械化・自動化の課題

最近では、企業規模を問わず、HHTやピッキングカートなどが導入されており、物流現場になくてはならない機器となりました。一方、ソーターやピッキングロボットなどは高額であるため、導入目的や運用方法、庫内レイアウト、投資対効果など、入念な導入計画が必要になります。

物流業務に占める仕分け作業の比率は高く、人手が必要とされる作業であり、近年の少子高齢化や労働力不足などの状況を背景に、さらなる機械化・自動化が求められてきます。ただ、作業を完全に自動化することは商品特性や技術などの面から容易ではありません。メーカーも含めた流通業界全体で、商品の外箱形状（外装）、商品の認識コード、貼付、商品の注文単位のルール化など、自動化しやすいように規格化・標準化を進めていく必要があります。

ハンドヘルドターミナル（HHT）
携帯できる検品端末のこと。バーコードを読み取り、検品や仕入れ管理などを行う。

音声システム
ヘッドホンで作業指示を聞き、作業結果を声で返す、音声技術を活用したシステムのこと。

デジタルアソートシステム（DAS）
仕分け作業を効率的に行うためのシステム。商品のバーコードをスキャナーでスキャンすると、配分棚の表示器に該当商品の仕分け先および仕分け数が表示され、それに従って仕分けができる。

▶ シングルピッキングとトータルピッキングの違い

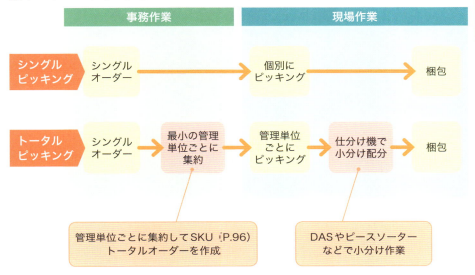

▶ 主な仕分け設備の概要と比較

		シングルピッキング				トータルピッキング＋仕分け機器		
		リスト	HHT	音声	カート秤付	DAS	DASゲート付	ピースソーター
費用対効果	処理能力 （低⇒中⇒高）	低	低～中	中	中	中～高	中～高	高
	確実性 （低⇒中⇒高）	低	中	中	高	中～高	高	中～高
	投資金額 （安⇒中⇒高）	-	安	中	中～高	中～高	高	高
適正	対象顧客数 （少⇒中⇒多）	少	少	中	中	中～多	中～多	多
	SKU当顧客数 （少⇒中⇒多）	少	少～中	少～中	中	多	多	多

保管技術

保管効率と作業効率の向上を実現する立体自動倉庫

立体自動倉庫は、必要な物品を必要なタイミングで作業者の手元まで運搬する機能を持っています。保管効率はもちろん、作業効率も高く、24時間の物品の出し入れ対応が可能です。

保管効率と作業効率の両方を向上させる設備

物流業務における保管とは、物品を倉庫や物流センターなどで一定期間預かることです。入荷してから、荷主の出荷指示により出荷するまでの状態を指し、生産者と消費者の需要と供給のギャップを埋めるための活動です。

保管で使う保管設備の目的は、①保管効率の向上、②作業効率の向上、③商品の入出庫管理、が挙げられます。

従来の基本的な保管方法としては、パレットの直置きや、パレットラックでの2段・3段積みなどがありますが、作業通路を含めると、保管効率がよいとはいえません。また、保管効率の向上のための移動ラック（電動）もありますが、保管効率を優先するために作業効率が悪くなる場合もあり、注意が必要です。

さまざまな環境に対応できる立体自動倉庫

こうした保管方法の課題を解決する方策の一つが立体自動倉庫です。立体自動倉庫には、用途や機能によってさまざまな種類があり、常温、冷蔵、冷凍、危険品取扱いなどの環境に対応したものがあります。

立体自動倉庫のメリットは、①保管効率がよい（10段以上の高積みと少ない通路）、②作業効率がよい（集品時の人の移動がない）、③商品管理が容易（先入れ先出し）、④作業環境の改善（冷凍庫や危険物倉庫への人の立入りなし）、⑤24時間の稼働が可能、などが挙げられます。

便利な機能を持つ立体自動倉庫ですが、設備コストが高額なことや、大型の固定設備で倉庫のレイアウト変更が困難なことなどがあり、導入にはしっかりと計画を立てることが必要とされます。

立体自動倉庫
鉄骨構造などのラック、スタッカクレーンおよび入出庫ステーションで構成され、複数の物品や包装貨物を一つの取扱単位とする貨物のうち、主にパレットを取扱単位とした貨物を保管する施設（JIS B 8941参照）。

先入れ先出し
倉庫などに先に入庫したものを先に出庫すること。

主な保管設備の概要と比較

		ネステナ	パレットラック	移動ラック	自動倉庫	Auto Store
		パレット保管	パレット保管	パレット保管	パレット保管	バラ保管
能力・費用	保管効率	低〜中	中	中〜高	高	高
	作業速度	中	中	遅	中〜早	中〜早
	レイアウト	フリー ※増減自在	固定 ※増設可	固定	固定	固定 ※増設可
	投資金額	安い	安い	中	高	高
適正	取扱品種数	すべてに対応	すべてに対応	少〜中	中	中〜多
	出荷頻度	すべてに対応	すべてに対応	低回転品	低中回転品	低中回転品
	在庫量	少〜中	中〜多	中	中〜多	中〜多

Auto Store のイメージ

出典：オカムラ

> 専用コンテナ「ビン（Bin）」が高密度にすき間なく積み上げられており、上部から商品をピックアップする。入出庫を繰り返すうちに、出庫頻度の高い商品が上部に集約され、出庫時間が短くなるメリットがある。保管効率としては平棚置きと比べると約3倍程度ある。

Auto Store
ノルウェーのJakob Hatteland Computer社が開発した自動倉庫。格子状に組まれた「グリッド（Grid）」が張り巡らされた中に専用コンテナである「ビン（Bin）」が高密度に格納されている。

現在、保管技術が進み、「Auto Store」という保管効率のよい自動倉庫も開発され、注目されています。

運搬技術（AGV）

自動走行で作業者に物品を運ぶ運搬機器

Chapter6 07

これまで、工場や倉庫内の物品の集品作業は歩いて行っていました。それが自動搬送機（AGV）の導入により、作業者のもとに物品が運搬されるようになるなど、作業者の負担は軽減され、作業効率が向上しています。

肉体的な負担を軽減する運搬機器

物流における運搬とは、ある物品（原材料や商品、製品など）を、ある地点から別の地点に移動させることをいいます。物流プロセスの中で最も重要な作業の一つです。

運搬をサポートする機器には、作業者の肉体的負担を軽減するものとして台車（手押し台車やカゴ台車など）やパレットハンドリフト、フォークリフトなどがあります。いずれも作業者の操作が必要ですが、一般的に利用されているマテリアルハンドリング機器です。作業者の操作を必要としないベルトコンベアや自動搬送機（AGV）などは、作業者の肉体的負担の軽減や作業効率の向上のため、近年の物流センターにはよく導入されています。

自動走行も可能なAGV

1980年代に開発されたAGVは、現在多くの工場や倉庫などに導入されています。現在のAGVは、衝突防止のための近接センサーや超音波距離計など、センサーによる安全装置を備えた機器が開発され、物流センター内でも物流工程の一部として使用されています。しかし、多くのAGVは、工場内や倉庫内などで稼働場所が制限されており、決められたルート（床面に磁気テープや磁気棒を敷設）上を、指示された通りに運搬する誘導式です。

最近のAGVは技術的進歩が目覚ましく、屋内に限らず屋外でも稼働できるものがあります。たとえば、AIが搭載されたAGVでは、作業環境に応じたセンサーやマテリアルハンドリング管理ソフトなどでの制御により、自立走行が可能なものもあります。矢野経済研究所のプレスリリース（2018年）によると、AGV市場は極めて活況にあり、今後も成長していく分野です。

自動搬送機（Automated Guided Vehicle；AGV）

直訳で「自動誘導される車両」。床面に磁気テープや磁気棒を敷設し、それらが発する磁気に誘導されて無人走行する搬送用台車のこと。

AGV市場

矢野経済研究所のプレスリリースによると、2017年度の国内AGV市場の規模（メーカ出荷金額ベース）は前年度比115.0％の139億5,000万円であり、2018年度も前年度比106.0％の147億8,200万円の見込み。

144

主な運搬機器の概要と特徴

無人フォーク

無人のフォークリフトがパレット積載の商品を自動でピックアップし指定場所まで移動する。

無人台車

台車に積載された商品を無人台車が牽引して指定区間（A←→B）を反復する。

無人搬送台車

工場内設備の一部として組み込まれている場合が多く、パレット積載商品やケース商品を指定された場所まで搬送台車で搬送する。安全対策や管理が十分施された設備である。

出典：ダイフク「全方向移載型無人搬送台車FAV/FAC」、村田機械「スマートAGV『Premex10』」

AGVの活用事例

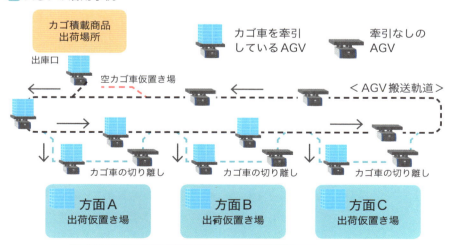

カゴ車の切り離し移動をAGVが行うことで、作業員による方面別出荷仮置き場所へのカゴ車移動作業が削減できる

先端技術①：IoT・ビッグデータ

商品管理やビッグデータ収集に活用されるIoT技術

アナログなイメージのある物流業界ですが、近年はビッグデータの収集と分析、活用などにより、物流業務の効率化や自動化の取組みが加速しています。ここではIoTやビッグデータの活用について紹介します。

サプライチェーン全般にわたる商品管理

IoTとは「Internet of Things」の略称で、家電や自動車などのモノがインターネットにつながる技術を指します。IoTの対象となるさまざまなモノには、センサーや通信機能が搭載されており、モノの状態や動作などを感知して情報を収集し、その情報や分析結果などをインターネット経由で送受信することができます。

物流分野でのIoTの活用例としては、倉庫内に保管される商品や、輸配送される商品などにRFID（P.97）タグを取り付け、デバイスで情報を収集し、インターネットで一つひとつの商品を管理することが考えられます。これにより、倉庫や物流センターなど、施設内における商品管理だけではなく、輸送経路上の商品管理もリアルタイムでできるようになります。現時点では商品単位での管理は難しいものの、パレット単位やケース単位での運用はすでに進んでいます。やがては、サプライチェーン全般にわたっての商品管理が容易にできるようになります。

ビッグデータ分析による物流サービスの創出

IoTの例としては、ドライバーが持つスマートフォンやGPS機能の付いたデジタルタコグラフ（P.56）などから、位置情報、運行状況、道路状況や貨物状況などをリアルタイムで収集し、効率的な運行を支援する運行管理システムの導入も進んでいます。

IoTの普及とともに、ビッグデータの収集と、その分析により、正確な現状把握、迅速な課題対応、具体的で効果的なアクションなどが可能となります。また、ビッグデータにより顧客ニーズを的確に把握し、物流分野での次の出来事を予測することにより、新たな物流サービスやビジネスモデルの創出も期待されます。

▶ 物流分野におけるIoTの活用

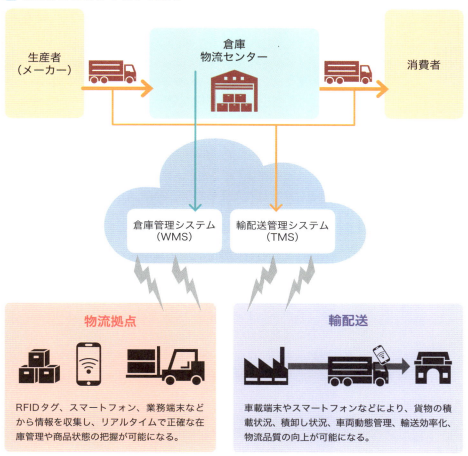

▶ 物流分野におけるビッグデータ活用の例

デジタルネットワークを通じた統合管理による共同輸配送システム	隊列走行、自動走行の実現による幹線高速道路物流システム	ラストワンマイル配送システム（ドローン、宅配ボックス、物流ウーバーなど）

出典：経済産業省　IT利活用分野について（物流分野）より作成

Chapter6
09

先端技術②：自動化・無人化

人手不足が深刻化する物流業界での自動化・無人化を実現する取組み

人手不足が深刻化する物流業界ですが、インターネット通販の普及などにより業務量は増加しています。このような課題を背景に、すでに物流の省人化技術は実用化されており、完全自動化を見据えた技術革新が進んでいます。

物流の無人化を目指す「人工知能技術戦略会議」

近年、物流業界は人手不足が深刻化しており、ドライバーを含め、物流従事者は若年層を中心に減少し続けています。一方で、グローバル化やインターネット通販の普及などにより、物量や業務量などは増加しています。このような現状を踏まえ、政府の「人工知能技術戦略会議」では、2030年を途に物流を完全無人化する目標を示しています。

この会議では、自動運転やドローンなどを活用した輸配送の無人化や、物流センター作業をロボットに置き換える取組みなど、政府と民間が共同でプロジェクトを立ち上げ、AI（人工知能）の実証実験や実用化に向けた規制緩和などを検討しています。具体的には、トラック幹線輸送の無人化や倉庫内ロボットの実用化が加速しています。

自動化や無人化に向けた取組み

自動化・無人化の取組みとしては、主に、トラックの隊列走行（P.152）、宅配の自動化、ドローンの活用、物流センター内の搬送の自動化などがあります。

トラック隊列走行は、3台のトラックが連なり、先頭車両にはドライバーが乗務しますが、後続する2台目と3台目は無人運転で先頭車両を追従走行するというものです。2022年以降に高速道路（東京〜大阪間）での後続車無人化隊列走行システムの実用化が予定されています。

宅配の自動化は、利用者がスマートフォンで場所と時間を指定すると、その場所・時間に、荷物保管ボックスを搭載した自動運転車が荷物を配送するというものです。現在では、オンデマンド

人工知能技術戦略会議

総務省、文部科学省、経済産業省が所管する5つの国立研究開発法人を束ね、AI技術の研究開発を進めるとともに、AIを利用する産業の関係省と連携し、AI技術の社会実装を推進する会議体。

ドローン

航空法における無人航空機に該当し、人が乗ることができない飛行機、回転翼航空機、滑空機、飛行船であって、遠隔操作または自動操縦により飛行させることができるもの、と定義されている。

トラック幹線輸送

物流拠点や製造拠点などの拠点間をトラックで大量輸送を行うこと。

オンデマンド配送サービス

指定した時間、場所で荷物を受け取れる配送サービス。

148

物流分野における自動化の例

輸配送業務

隊列走行

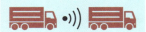

無人トラックが有人トラックを高速道路上で追従する。

自動運転配送

ラストワンマイル（基地局から納品先）で自動運転車により配送する。

ドローン配送

ラストワンマイル、離島や山間部などへドローンで配送する。

物流センター業務

自動棚搬送機

ピッキング作業時に自動棚搬送機が作業者の手元に保管棚を移動させる。

提供：シャープ株式会社

ロボットアーム

ピッキング作業やパレタイズ作業をロボットアームで行う。

提供：株式会社IHI産業システム

自動検品

AIによる画像認識やRFIDタグなどにより、自動検品を行う。

提供：株式会社ダイフク

センター内搬送

自動追従やライントレース機能でセンター内を自動搬送する。

提供：シャープ株式会社

配送サービスの実証実験が実施されています。

　ドローンの活用は、離島や過疎地などへの配送や都市部での災害発生時の活用などが見込まれており、物流分野での活用も注目されています。すでに全国5地域で実証実験が実施され、過疎地域へのドローン物流ビジネスの構築に取り組んでいます。

　物流センター内の搬送の自動化には、作業者が行っているピッキングと搬送作業に対し、ロボットが商品保管棚を作業者の手元に搬送し、作業者は移動せずにピッキングができるシステムなどがあります。このような倉庫内作業の省人化や無人化を目的としたシステムの実用化が進んでいます。

Chapter6
10

先端技術③：5G（第5世代移動通信システム）

IoTやAIの活用に欠かせない 次世代移動通信5G

IoTやAIなどの技術により、必要なときに必要な情報を提供することで、物流を含めたさまざまな分野の課題解決が期待されています。これらの技術を活用するためには、情報をリアルタイムに通信できる環境が不可欠です。

Society5.0実現に向けた通信環境の整備

物流現場における効率化や省人化は、物流業界共通の課題です。IoTで人とモノがつながり、情報や知識が共有され、AIで必要な情報がリアルタイムに提供されるようになり、さらに自動化技術などを通してフィードバックされることで、従来までの課題が解決されることが期待されています。

IoTやAIの活用など、インターネット上の仮想空間と、実世界の現実空間を高度に融合させたシステムにより、経済発展と社会的課題の解決を図る未来社会として「Society5.0」という考え方が内閣府から提唱されました。Society5.0においては、IoTやAIなどの技術は重要ですが、これらの技術をつなぐ役割である「5G」の整備も必須です。

5Gの3つの特徴

5Gは第5世代移動通信システム（5th Generation）の略称です。約40年前に登場したアナログ通信である第1世代に始まり、高速で大容量、かつ安定的な通信が可能になるまで、技術が進歩してきました。

5Gの特徴として、次の3つが挙げられます。1つめは高速・大容量通信であることです。現行の4Gの通信速度が最大で1Gbpsであるのに対し、5Gは最大で20Gbpsであり、単純計算で約20倍の速度の通信が可能となります。2つめは低遅延通信であることです。データの送受信にかかる遅れが現状の10分の1程度に抑えられ、タイムラグのない円滑な通信が可能となります。3つめは多種同時接続ができることです。同時に多くの端末と接続可能で、現在より10倍の数の端末と同時接続ができるよ

Society5.0

サイバー空間（仮想空間）とフィジカル空間（現実空間）を高度に融合させたシステムにより、経済発展と社会的課題の解決を両立する、人間中心の社会（Society）。狩猟社会（Society 1.0）、農耕社会（Society 2.0）、工業社会（Society 3.0）、情報社会（Society 4.0）に続く、新たな社会を指すもので、第5期科学技術基本計画において我が国が目指すべき未来社会の姿として提唱されている。

通信速度（bps）

データ転送の速度を表す単位のこと1秒間に送受信できるデータが何ビットかを表す単位でビット・パー・セコンドの略。

150

▶ 移動通信システムの進化

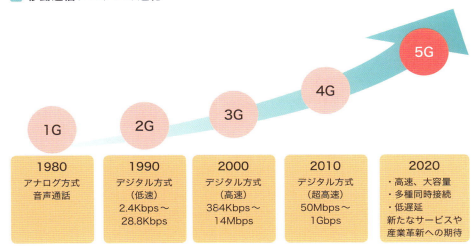

▶ 5Gが物流業界に与える影響

道路情報（渋滞先映像配信など）の提供
・渋滞ルートの回避
・渋滞の低減
・運転時間の短縮

車両間の状態や位置情報の共有
・危険通知による交通事故発生の回避
・隊列走行、完全自動運転の実現

情報収集の高度化および可視化（倉庫内での5G環境の構築）
・倉庫作業状況のリアルタイムな把握による作業効率や整流化の実現
・画像認識による商品やラベルの高速検品による倉庫作業の省人化

うになります。さまざまなモノがインターネットに接続するIoT時代には欠かせない要件です。

　物流現場で5Gに期待されているのは、トラック隊列走行や自動運転などにおける通信です。高速で移動する車両状況や、刻々と変化する交通状況などを把握するため、リアルタイムに大量の情報を通信する必要があります。また、市街地や渋滞時など、車両が密集する場所で、車両間と基地局間の接続が切断されることなく、多数接続が行われる必要もあります。これらからも、5Gの3つの特徴が自動運転に必要であることがわかります。

Chapter6

11

先端技術④：隊列走行・自動運転

完全自動運転の実現を目指す
トラック隊列走行

すでに高速道路で実証実験が行われている**トラック隊列走行**は、深刻化する**ドライバー不足や輸配送の効率化、安全性確保などの対応策として期待されている取組み**です。国が実用化に向けたプロジェクトを推進しています。

自動運転技術の物流分野への活用

自動運転技術は、政府や業界団体などの後押しも影響して、着実に進歩しています。物流分野においてもドライバー不足、輸送の効率化、安全性の確保、環境保護などの観点から、自動運転技術の活用が期待されています。

完全自動化がすぐに実現するわけではありませんが、高速道路などの限定された領域で、自動運転技術の実証実験などが進められています。高速道路でのトラック隊列走行も2022年以降の実用化を目指した取組みの一つです。

トラック隊列走行の実用化に必要な車両技術

トラック隊列走行とは、運転を支援する安全技術や、走行状況を車両間で共有できる低遅延通信技術（5G）により、車間距離を自動で保ちながら隊列を組んで走行することをいいます。

先頭車両は有人運転ですが、後続する車両が無人で追従することにより、少ないドライバーで多くの荷物を輸送できます。また、短い車間距離で安定した協調走行をすることで、空気抵抗や車速変化などが低減され、燃料消費の改善、**サグ部**での渋滞緩和、ドライバーの運転負荷の軽減など、さまざまな効果が期待されます。

トラック隊列走行の実用化には、段階的な導入が必要と考えられており、後続有人隊列走行から後続無人隊列走行、完全自動運転への発展が想定されています。そのためには、各段階に応じた、車両同士の通信による加減速制御、車線維持や自動レーンチェンジ、先行車トラッキング、割込み発生時安全対応など、車両技術の開発が必要とされます。また、車両技術に加え、道路交通法、道路法、道路運送車両法などの制度の整備、交通の流れをスムー

自動運転技術

ドライバー不在で車両を安全に運転する技術のこと。日本ではSAE（米国自動車技術者協会）の定義により、搭載される技術をレベル0からレベル5の6段階に分けている。
国土交通省は、2020年までに高速道路におけるハンドルの自動操作-自動追い越し-自動合流・分流（レベル2-3）を目指すとしている。

安全技術

衝突被害軽減ブレーキ、定速走行、車間距離制御装置（ACC）、車線維持支援制御装置（LKA）などの安全技術。

サグ部

下り坂から上り坂へとさしかかるときの凹部分のこと。上り勾配に気づかないドライバーにより自然と減速する車両が増え、後続車両との車間が連続的に短くなり、渋滞が発生する。

トラック隊列走行のしくみ

先頭車（有人）　　後続車（無人）　　後続車（無人）

車両間通信　　　　　車両間通信

複数台のトラックが、互いの走行状況をリアルタイムで通信し、自動で車間距離を一定に保って隊列走行する

自動運転のレベル

レベル		概要	監視・対応主体
レベル0	運転自動化なし	・運転者がすべての運転タスクを実施	運転者がすべて、あるいは一部の運転タスクを実施
レベル1	運転支援	・システムが前後、左右のいずれかの車両制御に係る運転タスクのサブタスクを実施	
レベル2	部分運転自動化	・システムが前後、左右の両方の車両制御に係る運転タスクのサブタスクを実施	
レベル3	条件付運転自動化	・システムがすべての運転タスクを実施（限定領域内） ・作動継続が困難な場合の運転者は、システムの介入要求などに対して、適切に応答することが期待される	システムがすべての運転タスクを実施
レベル4	高度運転自動化	・システムがすべての運転タスクを実施（限定領域内） ・作動継続が困難な場合、利用者が応答することは期待されない	
レベル5	完全運転自動化	・システムがすべての運転タスクを実施（限定領域内ではない） ・作動継続が困難な場合、利用者が応答することは期待されない	

出典：官民ITS構想・ロードマップ2017掲載「SAE International J3016（2016年9月）」より作成

ズにする分合流警告掲示、高速道路の3車線化、隊列形成・解除の設備設置など、社会インフラの整備も合わせて必要です。これらの課題を踏まえ、トラック隊列走行の実用化は国のプロジェクトとして推進されています。

先端技術⑤：予測分析

Chapter6
12

在庫管理などの無駄を無くす
高精度の予測分析

近年、IoTやAIなどの先端技術の進歩により、高精度の予測分析を行うことが可能になりました。導入に踏み切る企業も増えており、顧客獲得や在庫管理、セキュリティ強化などに役立てています。

予測分析によりリスク回避や競争優位を図る

予測分析とは、大量のデータを解析することにより、特定のパターンや相関関係などを見つけ出し、将来に生じる可能性やリスクに対処する手法です。過去の事例の把握にとどまらず、将来に対する高精度の予測ができれば、リスクの回避や競争優位性の向上につなげることができます。

これまで多くの企業は、収集したデータの分析に時間とコストがかかり、データの潜在的な価値を有効活用できていませんでした。しかし、インターネット上における多量のデータの蓄積、コンピューターの高性能化、AIや解析技術の高度化、使いやすいソフトウェアなどの分析処理基盤の普及。また、経済状況の厳しさが強まる中で必要とされる競合他社との差別化、などの背景から、予測分析に取り組む企業が増えています。

予測分析を活用したさまざまな用途

予測分析の用途には、マーケティングでの予測、リソースの予測、物量の予測、不正の予測、などがあります。

マーケティングでの予測は、顧客の購買履歴や行動状況などを把握することで、収益性の高い顧客の絞り込みや維持などが可能になります。リソースの予測では、商品やサービスの需要を予測することで、資材の調達量や生産量、適正な在庫量を把握し、不良在庫や欠品による機会損失を防ぐことができます。物量の予測では、物流センターでの日次・週次・月次単位の物量、作業量、物量波動を予測することで、適切な人員配置など、センター運用の効率化が可能になります。不正の予測では、部外者による内部ネットワークへの不正アクセスの検知、不正行為やゼロデイ脆弱

ゼロデイ脆弱性
システムの脆弱性の発見から修正が行われるまでの間に攻撃を受ける可能性のあるシステム上の問題のこと。

154

▶ 予測分析の活用例

マーケティングでの予測

消費者行動や市場動向の予測による、商品・サービス開発、マーケティング戦略の立案

顧客の需要や購買行動による地域ごとの在庫配置や品揃えを計画することが可能

リソースの予測

需要の予測による在庫や資材の適正化により、機会損失の防止、効率的な生産資源の投入

輸配送の車両勢力を計画的に過不足なく調達することが可能

物量の予測

日次・週次・月次単位の物量、作業量などの予測により、適切な人員配置、運用効率化

物流センター作業人員の時間単位・日単位の計画的な配置が可能

不正の予測

情報ネットワークへの不正アクセスの検知、クレジットカードの不正利用などのセキュリティ対策

顧客との物流データの通信および物流センターの情報システムへのセキュリティ強化

▶ 予測分析の具体的な方法

手順1 活用目的の設定	手順2 必要データの収集	手順3 予測モデルの構築	手順4 予測結果の活用
何を予測したいのか、予測した結果をどのように利用するのかを設定する	分散しているデータを1か所に集約する 予測分析の処理ができるようにデータ精度を高める	受注や離脱などがどの程度起こるか、どのくらいになるかの予測を数値で表現するモデルを構築	営業やマーケティング担当など取引の最前線のメンバーへの情報共有 継続的に鮮度の高い予測分析を行うための体制作り

性などの異常の検知などにより、リスクの予防につながります。

このように予測分析は、さまざまな分野で活用され、顧客獲得、適正在庫管理、セキュリティ強化などに役立っています。完全な予測は困難ですが、高精度の予測が可能であれば、ビジネスにおける無駄の削減も可能になります。

先端技術⑥：AI（人工知能）

Chapter6
13

最適な物流管理を行う
AI技術

AI（人工知能）は、すでにさまざまなサービスに組み込まれて利用されています。物流分野でも導入が開始され、たとえば安全を確保するための最適な運転や、確実に届けるための最適な経路選択などに活用されています。

AI技術の進歩により社会的課題を解決

　AI技術の進歩は、人には判断できない量のデータをAIが分析し、AI自身が判断することを可能とします。必要な情報が必要なときに提供され、その情報をロボットや車両などに連携することで物流分野での省人化、無人化、安全確保に活用されます。

AIの活用により最適な運転や経路を選択

　慶應義塾大学 安宅和人教授のハーバード・ビジネス・レビューの記事によるとAIの実用化機能は、「識別」「予測」「実行」という3つに分けられるといわれています。

　物流センター作業では、高感度カメラとAIの「識別」機能を活用した検品業務の自動化が可能となります。また顧客の物量動向、市況などからAIで物量「予測」を行い、物流センターの人員シフト、保管商品の配置替え、入出荷車両の台数や時間管理による効率運用が可能となります。

　自動運転などへの応用として、画像認識や音声認識から得られた情報に、車両の運行情報・地図情報・位置情報などの情報を加え、車両の状況を「識別」し、これから起こりうる衝突の可能性などを「予測」し、安全を保つために最適な運転や目的地に到達するための経路を計画して「実行」することができます。

　このようなAIの機能を利活用した具体的なサービスの実用化が、輸送や保管などの分野で進められています。

▶ 物流分野に導入されているAIの具体例

輸配送業務

・自動走行システムを利用した高速道路のトラック隊列走行
・制約条件を考慮した配車計画の自動立案による台数、ルートの効率化
・車内カメラの画像解析による居眠り防止、異常検知などの危険運転の防止
・交通量の予測に基づく渋滞予測や回避ルートの精度向上

物流センター業務

・画像認識による複数種のラベルや表示に対する正確な検品
・カメラでのセンター監視と行動予測による危険作業の回避通知
・物量予測により物流センター作業人員シフトの最適化
・自動搬送機によるセンター内移動の無人化
・商品形状の識別とロボットアームによる商品に適した自動ピッキングや仕分けの自動化

▶ AIにより効率化が促進される物流業務の未来像

AI活用による物流センター内および輸配送の省人化、無人化が実現

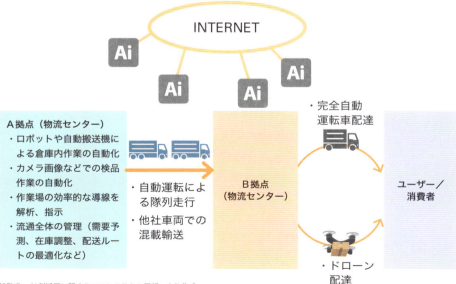

総務省　AI利活用に関するエコシステムの展望　より作成

Chapter6

14

AIやビッグデータによる需要予測①

販売機会の増大を図る
高精度の需要予測

これまでの需要予測は、人の直感や経験、過去データとの照合などにより行われてきました。近年はAIやビッグデータを活用した高精度の需要予測が実施されており、販売機会の増大や管理コストの圧縮などに貢献しています。

過去のデータから将来の消費や売上を予測

　需要予測とは、市場において商品やサービスがどれくらいの消費や売上を見込めるかを予測することを指します。精度の高い需要予測により、販売の機会損失による売上の減少や在庫過多による管理コストの増大など、資金繰りへの悪影響を防止できます。

　生産から消費者への流通をつなぐ物流においても需要予測が活用できます。将来、どの地域にどれだけの物量を在庫し、消費者に供給するのか、その物流業務に必要な保管規模や作業人員の計画に活用されています。需要予測は過去データなどの数値データを分析する予測や有識者など主観的判断で予測する方法などがあります。ここでは、データ分析による一般的な需要予測の手法である「移動平均法」「指数平滑法」「回帰分析」を紹介します。

正確で高品質なデータを使用して分析を行う

　移動平均法は、過去の一定期間の販売実績などのデータに対し、期間をずらしつつ平均値を計算していきます。需要変動が多く、全体的な変動の傾向や周期、規模が把握しにくいときに用います。

　指数平滑法は、移動平均法を進化させた方法で、移動平均に対して直近の実績値を重視して算出し、重みづけの係数が1に近いほど直近のデータ重視の予測となります。一定方向に変化する需要の傾向で直近の変化を反映する場合に用います。

　回帰分析は、分散したデータでありながら、上昇傾向や下降傾向のあるデータを分析したいときに使われます。たとえば時間（日付）と出荷物量などの因果関係を直線の形で記述します。左のグラフは月ごとの出荷物量を表し、その物量のはじめから終わりの分布で作られる直線で予測するとイメージすればよいでしょう。

158

▶ 移動平均法の活用例
設定した一定期間の平均値による出荷物量の予測値

期間	1月	2月	3月	4月	5月	6月	7月	8月	9月
出荷実績（トン）	80	100	110	90	80	120	140	130	100
予測値 3か月間移動平均				97	100	93	97	113	130
予測値 4か月間移動平均					95	95	100	108	118

▶ 指数平滑法の活用例
過去の予測値と直近の実績値に重みづけした出荷物量の予測値
[当月予測値＝α×前月の実績値＋（1−α）×前月予測値]

期間	1月	2月	3月	4月	5月	6月	7月	8月	9月
出荷実績（トン）	80	100	110	90	80	120	140	130	100
予測値 平滑化係数 a=0.2	90	88	90	94	93	91	97	105	110
予測値 平滑化係数 a=0.6	90	84	94	103	95	86	106	127	129

▶ 回帰分析の活用例
回帰直線を延長して求めた出荷物量の予測値

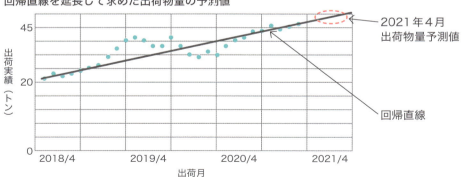

　いずれの手法も、使用するデータが正確で高い品質でなければ、精度の高い需要予測は行えません。必要なデータを適切に補正することも需要予測を活用する重要なポイントです。

Chapter6
15

AIやビッグデータによる需要予測②

AI活用によるビッグデータ分析と人間の判断力の両立

EC市場の拡大やIoTの普及などにより、膨大な量のデータが集積されるようになりました。これらのビッグデータを、AIによる高度な処理と分析で、企業の需要予測に活用することが注目されています。

AI活用により需要予測の精度を高める

従来から行われていた一般的な需要予測（P.158）から、AI活用によるビッグデータ分析は、さまざまなビジネスに変革をもたらしています。AI活用による需要予測では、企業の売上データや気候データなど、大量の時系列データを分析することで、売上の傾向や法則性などを見つけ出し、将来の需要を予測します。

従来からの統計学的な需要予測は、安定した市場では有効な手法であり、これからも十分に活用できます。しかし、EC市場の拡大など、急激な変化や複雑化が進む環境においては、需要予測が難しくなることから、AI活用により予測の精度を高めることが求められています。

膨大なデータ処理による高精度の需要予測

経済産業省により、2017年、Connected Industries（日本版インダストリー4.0）が発表され、企業の情報システムやIoTなどから集積されたデータがビッグデータとして利用可能な環境が整いはじめたことにより、過去データ以外にも、企業の受注や販売データのリアルタイムの収集、企業の活動状況、外部環境の情報などもビッグデータとして利用できるようになっています。

物流センターでは、WMSから取得する入庫・出荷物流データ、作業者の作業時間や移動距離などの行動データ、輸配送では、運行時間や配送ルートといったデータの活用が可能となります。

これらの多種多様で膨大なデータを使い、受注や在庫の状況、品種や品番ごとの特性、トレンドや市場の動向、価格の変動などの要因をもとに、AIによる機械学習と解析処理を繰り返し行うことで、最適に近い予測ができます。人間の手作業では処理作業

時系列データ
時間情報を持った一連の値のことで、一定間隔で連続的に取得されたデータ。時系列データの具体例としては、年度ごとの国民総所得、四半期ごとの輸出入実績、毎日の株価、分刻みで記録された気温データなどがある。

Connected Industries
企業、人、データ、機械などがつながることにより、新たな付加価値が創出される産業社会のこと。

▶ 物流分野における需要予測の活用

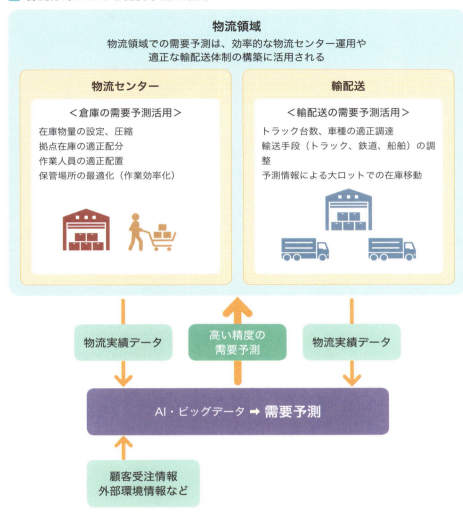

が困難なビッグデータを使い、圧倒的な処理量と高い精度で需要予測を立てることが可能となります。高い精度の需要予測は、物流領域においても適切な人員配置や必要なトラック台数の調達などで効率化が図れます。ただし、AI活用により予測された結果をもとに判断するのは人間です。AI技術と人間の判断力の両立が需要予測には必要不可欠です。

Chapter6

16

事務業務と配車業務の効率化

事務作業に活用される
情報システム

物流関連の事務業務は、まだまだ人に頼るところがあり、属人化を招きやすい傾向があります。情報システム関連の技術の進歩により、業務集中を行うことが可能になっており、品質と効率を高める動きが活発になっています。

属人化を招きやすい事務業務の高度化

受注センター
顧客からの注文処理を集中して行うセンターのこと。

出荷指図
物流センターなどに出荷に関して通知する情報。
内容は、出荷日、出荷場所、納品先、納期、商品、数量などに関するもの。

属人化
特定の担当者が業務を行うことで、当人しか業務内容や進め方がわからなくなってしまう状態のこと。

　物流に関連する事務業務は、情報システム化が進んでいますが、まだ人が行っている作業も多くあります。たとえば荷主側の業務では、受注センターで注文を受注し、情報システムを活用して出荷指図を作成したり、社内の関連部署と連携し、在庫に合わせた出荷調整を行ったりしています。また物流事業者側の業務では、物流センターの入出荷の事務業務や配車業務があります。

　物流センターの入出荷の事務業務では、荷主からの指図をもとに入出荷のための帳票発行やその完了確認を行ったり、出荷する貨物に対応したりします。配車業務では、トラックなどの輸送手段の手配や、その輸送計画の立案と運行管理などを行っています。

　いずれの業務も、担当者自身がさまざまな改善を積み重ねて対応することが多く、結果としてその担当者にしかわからないという属人化を招きすい傾向にあります。しかし、情報システム関連の費用の低廉化、ネットワーク回線の高速化などにより、これらの業務もより高度化できるようになってきています。

業務の集約により品質と効率を高める

　受注センターでは、全国に複数あったものを地方の拠点に集約する例が多くあります。また、物流センターの入出荷の事務業務や配車業務でも、物流センターは集約しなくても、事務業務を集約して行うことがあります。配車業務では、取扱規模が大きくなることで、ソフトウェアを活用した業務の高度化が進められています。

　物流関連の事務業務は、誰が行っても一定の品質や効率で業務を遂行できる体制が求められますが、その実現のためには、これ

▶ 荷主側の事務業務の集中化のイメージ

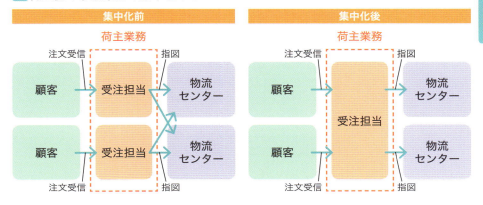

▶ 物流事業者側の事務業務の集中化のイメージ

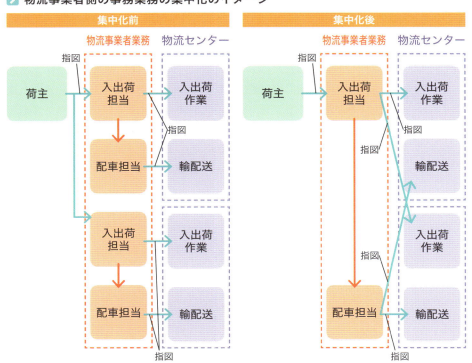

までの業務を見直し、簡素化や標準化を進めるとともに、運用のルール作りが必要です。同時に、それに合わせて情報システムを活用する体制も構築していくことが求められます。

Chapter6

17

Society5.0 時代の物流

物流の効率化と高度化により
装置産業化を図る

既存技術の高度化や新規技術の進展など、物流を支える技術の変革が進んでいます。この技術を活用し、物流現場の効率化を図り、物流業が大規模装置産業へと変わっていくことが考えられています。

Society5.0で効率化と高度化が進む物流

物流現場といえば、フォークリフトとパレットで業務を行うことが長年続いていましたが、近年、情報システムやマテハン機器の導入などにより、高度化が進んでいます。今後も物流を支える技術は進歩していくと想定され、さらなる高度化が期待されます。労働集約型の産業であった物流も変革が期待されます。

その変革は、Society5.0時代の物流に見ることができます。Society5.0（P.150）では、インターネット上の仮想空間と実世界の現実空間を高度に融合させたシステムにより、経済発展と社会的課題の解決を両立する人間中心の社会になるとされています。これを受け、Society5.0時代の物流は、「つながる物流」「共同する物流」「人手を解放する物流」「創造する物流」「社会に貢献する物流」という5つの物流の変革により、効率化と高度化が進むとされています。そして2030年には「労働環境の改善を通じた魅力ある産業への転換」「シームレスなグローバルサプライチェーンの構築」「物流業の大規模装置産業への変貌」が実現すると予想されています。このように物流の装置産業化が未来予想図として掲げられています。

技術の進展とともに様変わりする物流

Society5.0時代の物流では、輸配送は5Gの普及とともに隊列走行や自動運転となり、物流センターでは無人倉庫が実現すると期待されています。無人倉庫では、入出荷や作業計画などの業務すべてをAIが行い、物理的な保管や搬送などはすべて自動化された機器が行います。また、入出荷の確認業務はすべて自動認識技術が行うことが想像できます。今後の物流現場は、技術革新に

Society5.0時代の物流

日本経済団体連合会により2018年10月にまとめられた提言。物流はSociety5.0が掲げる革新技術との親和性が高いことから、データの利活用による変革が最も期待される産業の一つであるとしている。

自動認識技術（Automatic Identification）

人間を介さず、ハード、ソフトを含む機器により自動的にバーコード、磁気カード、RFIDなどのデータを取込み、内容を認識すること（一般社団法人日本自動認識システム協会）。

164

▶ Society5.0時代の物流の変革

つながる物流	共同する物流	社会に貢献する物流
RFIDなどのIoT技術による物流の可視化、リアルタイムでの共有によるサプライチェーン全体の調整・最適化	荷主の輸送ニーズと物流事業者のリソースのマッチング、パレット・コンテナ・通い箱の共有化・共同利用	次世代自動車（EV・FCVなど）・LNG燃料船による環境負荷の低減、IoT・ドローンなどによる災害情報の迅速な把握

人手を開放する物流	創造する物流
自動走行車・自動運行船・ロボットなどによる物流の省人化・省力化	顧客の潜在的ニーズの発掘や生産・販売との連携による新たな価値の創出

▶ 2030年の物流業のイメージ

労働環境の改善を通じた魅力ある産業への転換

物流業の大規模装置産業への変貌

シームレスなグローバル・サプライチェーンの構築

伴って大きく変化すると推測されますが、物流担当者に求められることも大きく変化していくことになります。このような変革をしっかりととらえていくことが必要です。

Chapter6
18

立体工業団地（先進物流拠点）

製造と物流が一体化した立体工業団地

物流の次世代の施設として、製造業の工場が一つの施設内に複数入った立体工業団地というものがあります。物流事業者は、その物流を一貫して運営できるため、保管や搬送などの業務を効率化できます。

物流事業を拡大するために求められる転換

　内閣府の資料によると、日本の生産年齢人口は減り続けるとされています。このような人口構造においては、人材を増やして事業を拡大することができないため、労働集約型の産業である物流事業は大きな転換期に差し掛かっています。特に、多くの人手を必要とする物流センターなどは、現状のままでの拡大は難しいといえます。人材を増やすことなく事業を拡大するには、思い切った発想の転換により、省人化を進めることが必要になります。

　現在の一般的な倉庫では、荷姿や重量など、多種多様な物品が入出荷されています。そのため、倉庫の構造は、どのような物品にも対応できるように汎用性が高くなっています。また、このような多種多様な物品を扱えるように、現場作業者はさまざまな工夫を凝らして運用を行っており、保管面と作業面の両面での自動化を難しくしています。つまり、作業者のノウハウに頼っているため、省力化はできても省人化は限界があるということです。

物流を効率的に運営できる立体工業団地

　こうした状況を打開するため、新しい施設が登場しています。製造業において、複数の工場が一つの施設内に入り、その物流を一つの企業が一貫して運営するという「立体工業団地」です。元請の物流事業者は、1階に入出荷スペース、上層階の一部に保管スペースを保有し、この立体工業団地に入っているすべての工場のオーダーマネジメント、物流センターマネジメント、輸配送マネジメントを行います。製造工程の進捗に応じ、必要な資材や原料などはJITで供給されます。また、製造された完成品は保管スペースに保管され、出荷は共同配送（P.70）を行います。入荷、

生産年齢人口
年齢別人口のうち、生産活動の中核をなす年齢の人口層を指し、日本では15歳以上65歳未満の人口がこれに該当する。国内の生産年齢人口は1990年代をピークに減少傾向が続いている。

オーダーマネジメント
注文を受けたとき、どの在庫拠点からいつ出荷し納品するべきか、実行指示するしくみ。

物流センターマネジメント
製品の入出在庫の管理や品質管理、および収益や労働生産性の管理などセンター運営に関する管理のしくみ。

JIT
→P.88参照

166

▶ 調達から製造、出荷まで、一貫したサービスを提供する立体工業団地

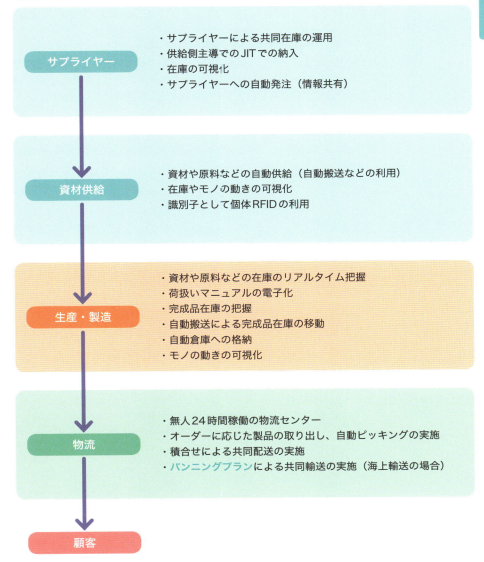

検品、保管、出荷の大半が自動化され、搬送はすべて自動搬送です。取り扱う商品を単一の商品群に絞ることで荷姿が統一され、保管や搬送の両面で自動化が図りやすいのが特長です。今後、このような次世代の施設が増えていくことが予測されます。

バンニングプラン
貨物をどのように積み込むかを示す設計画書のこと。効率的かつ、安全な輸送ができる。

Chapter6
19

デジタルトランスフォーメーション（DX）と物流①

業務の効率化や新サービスの開発にデータを一元管理して活用

出荷データや配送データなどがシステムに保存されていても、それが活用できる状態に管理されていなければ意味がありません。他社と連携してサービスを運用することが多くなる中、データ管理の重要性も増しています。

データ活用のためのDXの必要性

デジタルトランスフォーメーション（DX）
「ITの浸透が、人々の生活をあらゆる面でより良い方向に変化させる」という概念。ビジネスで使われる場合は、企業がデータやデジタル技術を活用し、組織やビジネスモデルを変革し続け価値提供の方法を抜本的に変えること。

近年、デジタルトランスフォーメーション（DX）という言葉がよく使われるようになりました。経済産業省が2018年に「DXレポート〜ITシステム2025年の崖の克服とDXの本格的な展開」を提示したことにより、日本の産業界で議論が巻き起こり、大手企業ではDX部門を常設しているところも増えています。近年、既存システムの老朽化により、拡張やメンテナンスが困難になるなどの問題が発生しています。また、内部設計を理解している担当者の離職などにより、システムの把握や変更に時間がかかるなどの問題もあります。このような状態が解消されないと、データを活用しきれない状態のまま維持管理費が高騰したり、セキュリティリスクが高まったりすることにつながります。このような背景から、現在、DXの必要性が高まっています。

2025年の崖
経済産業省によると、旧来のシステムの課題が克服できない場合、DXが実現できないだけではなく、2025年以降、12兆円の経済損失が生じるとされている。

データの管理と活用により他社と連携

日本ロジスティクスシステム協会（JILS）がまとめた「ロジスティクスコンセプト2030」では、トラック輸送の需給バランスが崩れ、2030年には需要に対して35.9％もの貨物が運べなくなる見通しを発表しました。その対応策として、企業の枠を超えたトラックや倉庫のシェアリングがカギになると言われています。各社が自社のネットワークだけでモノを運ぶとムダが生じます。しかし、企業の枠を超えて利用し合えば、互いの荷物で空きスペースを埋めることができ、ムダを無くすことができます。そのためには、車両、貨物の即時情報が必要です。このような企業活動（物流）によって得られた情報を一元管理し、さらに、収集されたビッグデータから最適な輸送方法を解析することが可能となり

▶ DXによる事業モデル改革を目指す

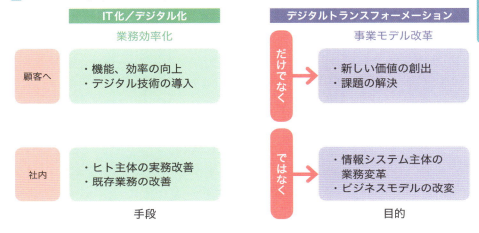

▶ データ活用により物流を可視化

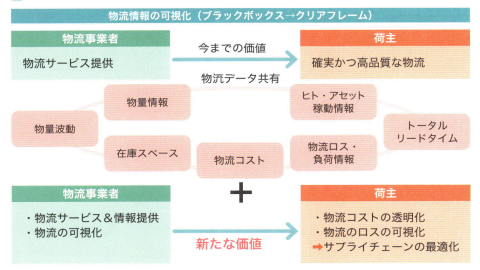

ます。

　これからの物流は、データやデジタル技術の活用によりビジネスモデルが変革され、産み出されるサービスという価値の提供方法が、抜本的に変わると考えられます。

Chapter6
20

デジタルトランスフォーメーション（DX）と物流②

標準化した業務をシステム化して物流の自動化や省人化につなげる

デジタルトランスフォーメーション（DX）では、既存業務を見直し、基本業務を標準化して、システム化することが求められます。これにより、データの収集や活用がスムーズになり、自動化や省人化につなげることができます。

業務を標準化して新しいシステムで拡大

標準化
仕様や構造、形式を同じものに統一すること。何もしなければ多様化・複雑化してしまう事柄について、誰もが共通して使用できる一定の基準を定めること。

　前節では、データを収集して一元管理することの重要性を述べましたが、データの一元管理のためには、システムの土台となる標準化された業務体制の構築が必要です。

　DXの目的の一つは、旧来のシステムから新しい基盤となるシステムに移行することですが、新しいシステムを開発する前に、属人化や煩雑化している業務を見直す必要があります。業務の無駄をそぎ落とし、標準化された体制を構築し、その体制に適合したシステムを開発する、というように段階を踏んでシステムを検討することが必要だからです。

　ここで注意すべきことは、業務の標準化は画一化と異なることです。画一化とは、業務全体を一定のルールに合わせて調整し、例外を認めないことといえます。しかし、標準化は、基本の業務基盤 を「幹」として確定することをいいます。幹が確定したら、サービスに必要な機能などの「枝」は自由に追加して広げていけるようにします。

業務の標準化から自動化や省人化につなげる

　標準化では、基本となる業務を見極め、そのやり方を統一して基本業務とすることがポイントです。そのほかの業務は、基本業務を補完するものとして整理します。

　たとえば、倉庫の出荷業務の場合、荷主ごとに担当者がいて、荷主ごとにピッキング方法も検品方法も異なることが往々にしてあります。典型的な業務の属人化です。しかし、ピッキング、検品という「幹」は同じであり、それに付随する「枝」が異なるだけなので、「幹」となる業務プロセスを統一し、システムも統一

▶ 業務の標準化とシステム開発を妨げる主な要因

◆料金や業務内容の複雑化・個別化
・特別料金や定型業務以外の特殊業務が多く、システム対応が困難
⇒業務が煩雑となり属人化、アナログ対応が多く生産性低下

◆個別システムの乱立
・上記の個別業務の効率化のため、多くの個別システムを開発、そのメンテナンス工数が増大

◆システムの老朽化
・現行ハードの代替(2025年)により業務の継続が困難に。加えて機密情報の漏洩のリスクも
⇒社会的信用失墜の危険性に加え、AI、IoT、ロボットなど、先進技術との連携が困難であり、先進技術を活用した業務の生産性向上や、他社との競争に勝てない

業務の標準化とシステムの統一化の必要性

▶ 物流分野のDXの例

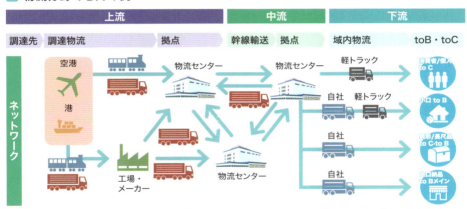

（情報が細切れでなく）
全輸送モード・全拠点在庫がデジタルネットワークにより一元管理
顧客側で「最短リードタイム」「最小コスト」などの最適ルートが選択できる

することにより、ピッキングや検品方法は集約されます。それにより、担当者も兼任できるようになるのです。

重要なのは業務の標準化なのです。AIやRPA（P.74）、ロボットの導入は手段であり目的ではありません。それらの導入は、業務を標準化してから考えるべきなのです。

to B
to Business、法人顧客相手のビジネス。

to C
to Customer、個人客相手のビジネス。

第6章 物流を支える最新技術

171

COLUMN 6

最適拠点立地シミュレーション
モデル間比較で方向性を導く

物流センターは、簡単に建てたり、壊したりすることができません。そのため、拠点を建設するときは、拠点数、立地、規模、機能など十分な検討が必要です。たとえば、拠点を多く持てば、配送先までの距離が短くなりますので、リードタイムの短縮や配送コストの削減につながります。しかしながら、拠点のコストが増加するため、そのバランスを見ていく必要があります。

最適拠点の立地は、エリアを座布団に見立てると下から指1本で支えて安定させられる点というイメージです。複数拠点の場合は、複数の指で支えるというイメージになりますが、最適点を見つけるのが難しくなります。これを解決するためには、座布団をいくつかに細分化して、それぞれの座布団で下から指1本で支えて安定させられる点を探せば、単一拠点を探す場合と同じになります。

このような重心点やエリア分けの計算は、シミュレーションソフトを活用することが有効です。

また、拠点数も検討が必要な場合は、配送と拠点のトータルコストで評価して、最適な拠点数を見つけ出します。

この検討では、最適立地点を拠点数ごとに設定した検討パターンを作成します。

それぞれの場合で、拠点からの配送シミュレーションを行い、合計の指標でコストを試算します。多くはトンキロ（運賃計算重量×距離）を指標とし、現状に対する配送コストの変化を計算します。

次に、拠点数が増えると、拠点の固定費が増加しますので、拠点費用を計算します。

配送コストと拠点コストを合計して、コストの安い拠点数が最適となります。

実際の検討では、既存拠点を活用する場合など、いろいろな制約条件が入ってきて検討パターンが増えてきますので、さらに複雑となります。

また、拠点は、コストだけでなく顧客サービスレベルにも関係しますので、これらも加えて十分検討することが必要です。

第7章
労働環境改善に向けた取組み

国内の人口減少や少子高齢化などを背景に、物流業界は深刻な労働力不足の問題を抱えています。ここでは、対策として行われている、働きやすい労働環境の改善に向けた法改正や施策を見ていきましょう。

Chapter7 01

物流に関連する法律

物流の重要項目である「輸配送」「倉庫」「労働」「環境」の法律

物流に関連する法律には、輸配送、倉庫、労働、環境など数多くあるため、関連する法律をきちんと理解したうえで遵守する必要があります。

事業を行うのに必須の「輸配送」「倉庫」の法律

物流に関連する法律は非常に多く、「輸配送」「倉庫」「労働」「環境」に関連するものなどがあります。

輸配送に関連した法律では、道路交通法、道路運送車両法、道路法（車両制限令）があります。これにより道路を通行できる車両の大きさや仕様などが決められています。貨物運送事業に関連する法律には、貨物自動車運送事業法、貨物利用運送事業法、鉄道事業法があります。貨物自動車運送事業法は自らトラックを所有して事業を行う運送に関連し、貨物利用運送事業法はほかの運送事業者を利用して行う運送に関連します。危険物などの特殊な貨物を運送する場合は、消防法、高圧ガス保安法、火薬類取締法、毒物及び劇物取締法などが関連します。

倉庫を使って倉庫業を営む場合は倉庫業法、倉庫を建築する場合は建築基準法や消防法などが関わってきます。倉庫業を営むためには、倉庫の構造の基準も満たしている必要があります。

輸配送に関連した法律
輸配送に関しては、とくにこの3つの法律の遵守が不可欠。道路交通法の範囲を超える場合は、警察の許可が必要。道路法の範囲を超える場合は「特殊車両通行許可」を取得し、その条件に沿った対応が必要となる。

安全な運行を確保する「労働」「環境」の法律

物流業界で働く際の労働に関連する法律としては、労働基準法、労働者派遣法、労働安全衛生法などがあります。また、ドライバーに対しては運転時間（ハンドル時間）や休憩時間などが細かく定められていて、安全な運行ができるように規定されています。

環境に関連する法律は、物流業界だけに限ったものではありませんが、環境基本法をはじめ、地球環境や循環型社会などに関連するものがあります。これらは地球温暖化の原因となる排気ガスや廃棄物などに関連する法律です。多くの法律があるので、法律ごとの関連性などを理解し、遵守することが必要です。

174

▶ 物流に関連する主な法律

分野		主な法律	概要
輸配送	道路交通関連法規	・道路交通法 ・道路運送車両法 ・道路法（車両制限令）	・車両の大きさや仕様に関連する法律
	運送関連法規	・貨物自動車運送事業法 （一般貨物自動車運送事業、特定貨物自動車運送事業、貨物軽自動車運送事業） ・貨物利用運送事業法 ・鉄道事業法	・貨物運送事業を営む場合に関連する法律
	危険物などの輸送	・消防法 ・高圧ガス保安法 ・火薬類取締法 ・毒物及び劇物取締法	・危険物などの特殊な貨物を扱う場合の法律
倉庫		・倉庫業法 ・建築基準法 ・消防法	・倉庫業を営む場合、倉庫を建設する場合に関連する法律
労働		・労働基準法 ・労働者派遣法 ・労働安全衛生法 ・下請代金支払遅延等防止法 ・独占禁止法	・労働者に関連する法律（物流だけに限らず）
環境		・環境基本法 ・循環型社会形成推進基本法 ・大気汚染対策関連法規 ・温暖化対策関連法規 ・物流効率化関連法規	・環境維持に関連する法律（物流だけに限らず） ・物流で環境悪化を防ぐための法律

▶ 物流事業者に定められている代表的な規定

	道路交通法	道路運送車両法 保安基準	道路法 車両制限令
長さ	自動車の長さの10%を超えたはみ出しを禁止	自動車の全長（車両）12m	貨物積載状態で12m
高さ	貨物積載状態3.8m	貨物に関係なく3.8m	貨物積載状態3.8m
幅	貨物の幅は車両の幅を超えないこと	貨物に関係なく2.5m	貨物積載状態2.5m
総重量	保安基準に準拠（車検証の記載値）	自重＋乗車定員の体重（一人あたり55kg）＋貨物の最大積載量→車長や軸距によって20〜25トン	自動車の重量（自重）＋乗員の体重＋貨物重量→道路の種類によって20〜25トン

出所：公益社団法人　全日本トラック協会資料より作成

第7章　労働環境改善に向けた取組み

Chapter7
02

貨物自動車運送事業と貨物利用運送事業

事業範囲の広い貨物運送事業の体系

貨物運送事業は、大きく「貨物自動車運送事業」と「貨物利用運送事業」に分けられます。貨物運送の事業範囲は広いため、貨物運送事業の体系や輸送方法などについて押さえておきましょう。

一般、特定、軽自動車の3つがある貨物自動車運送

貨物運送事業は、自らトラックを所有して事業を行う貨物自動車運送事業と、ほかの運送事業者を利用して行う貨物利用運送事業に分けられます。

貨物自動車運送事業はさらに、一般貨物自動車運送事業、特定貨物自動車運送事業、貨物軽自動車運送事業に分けられます。一般貨物自動車運送事業には、特別積合せ貨物運送事業が含まれていますが、以前は一般区域貨物自動車運送事業と一般路線貨物自動車として区分されていました。現在も慣用的に使われている「区域」「路線」がこの名残です。また、消費者に身近な**宅配便**は、貨物自動車運送事業の特別積合せ運送事業に含まれています。

特定貨物自動車運送事業は、特定の単一の荷主に対して行う運送事業のことですが、事業範囲が限定されることから、近年は減少しています。貨物軽自動車運送事業は、軽トラックだけではなく、ビジネス街で見られるバイク便なども含まれます。

また、霊柩輸送も貨物自動車運送事業としての許可が必要で、営業ナンバー（**緑ナンバー**）の車両が使われています。

輸送機関を利用する貨物利用運送

貨物利用運送事業は、輸送機関を利用して貨物輸送を行います。トラックの手配だけを行う「**水屋**」と呼ばれる業態がありますが、現在はインターネット上で行う求貨求車のマッチングサービスに変化してきています。また国際物流など、複数の輸送機関を利用し、ドアツードアの輸送を行う**フォワーディング**も含まれています。

最近話題のUber Eatsは、自転車や125cc以下のバイクで行われるため法律の範囲外となっています。

宅配便
国土交通省の統計上の定義では、重量30kg以下の一口一個の貨物を、特別な名称を付して運送するものとなっている。

緑ナンバー
営業用車両は緑、自家用は白のため、このような表現を使うことがある。軽車両では、営業用は黒、自家用は黄である。

水屋
貨物利用運送事業において、輸送する貨物を探している物流事業者と貨物の輸配送を依頼したい荷主をマッチングさせる事業者のこと。

フォワーディング
顧客の貨物を発地から着地までの輸送を手配する事業。トラック、船、飛行機、鉄道などのさまざまな輸送手段を組み合わせて貨物を輸送する。これを行う事業者をフォワーダーと呼ぶ。

貨物自動車運送事業と貨物利用運送事業の体系

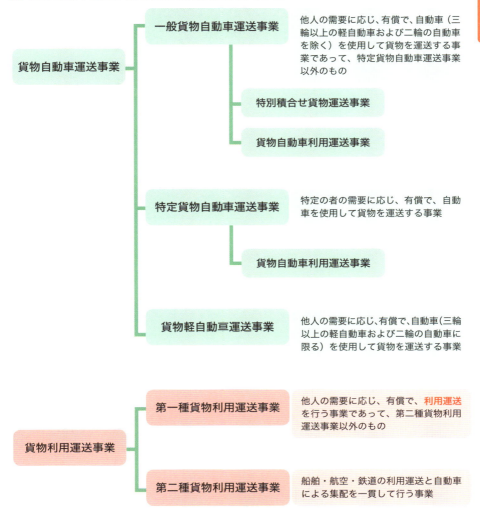

Chapter7
03

規制緩和による業界の構造改革

1990年代の規制緩和による
物流業界の構造改革

1990年代に行われた規制緩和により、運賃は下がりましたが、激しい競争のため零細事業者の多いトラック運送事業は大きな影響を受けました。ここでは、その内容について取り上げます。

トラック運送事業者数が約1.6倍に急増

　国土交通省によると、1990年から2010年の20年間で、トラック運送事業者数は約4万社から約6万3,000社に急増し、6割近くも伸びています。しかし輸送量は、その20年間で約1割程度しか増えず、事業者間で熾烈な貨物の取り合いが始まりました。とくにトラック運送事業者では、従業員50人以下の零細事業者が約9割以上を占めており、彼らにとっては生き残りをかけた戦いが続いています。

　現在、荷主との料金交渉では運賃アップの交渉が大半ですが、以前は荷主からの一方的な値下げが当然のように行われていました。その結果、社会保険料までも運賃値下げの原資として使う零細事業者が続出し、社会保険の未納事業者が急増したのも90年代後半以降です。

規制緩和による物流業界の構造改革

　物流2法が施行された1990年にトラック運送事業の規制緩和が始まりました。従来の道路運送法下において、トラック事業の参入・退出規制では事業免許制および需給調整規制がとられるとともに、価格は認可制（幅運賃制）となっていました。しかし、日本経済の成熟化に伴って物流の多様化が進展する中で、トラック事業においても規制改革への取組みが進められることとなります。

　1990年代といえば、バブル景気が崩壊した時期で、トラック事業だけではなく、さまざまな分野で規制緩和が行われました。規制改革の経済効果について、内閣府の公表値によると、2005年度のトラック事業では、利用者に対して約3兆4,000億円の経済効果が生じたとされています。現在のトラック運送事業の市場

物流2法
貨物自動車運送事業法と貨物運送取扱事業法。1990年に貨物輸送の規制緩和の一環として制定された。これにより規制全般が簡素化された。なお、2003年、貨物運送取扱事業法が貨物利用運送事業法に改正され、また、貨物自動車運送事業法も改正されたため、現在は「改正物流2法」と呼ばれる。

認可制（幅運賃制）
法律の要件を満たせば、行政により認可されるもの。たとえばトラック運賃など。

バブル景気
およそ1986〜91年にかけて起きた好景気のこと。株式や地価などが異常につり上がり、経済が実体以上に膨張した。

▶ 1990〜2010年の物流事業者数の推移

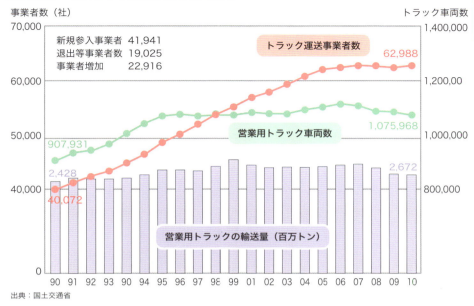

出典：国土交通省

▶ 物流業界の主な規制緩和とその効果

年	1990	1996	2003
主な内容	参入規制の緩和・需給調整規制の撤廃 ・事業免許制→許可制 　通過規制の緩和 ・許可制→事前届出制 　営業区域の拡大	最低車両台数の引き下げ	通過規制の緩和 ・事前届出制 →事後届出制

規模は約14兆5,000億円ですので、その規模の大きさがわかります。この規制緩和は、参入障壁を低くすることとなり、結果として事業者数が増加し、市況の運賃レベルが低下しました。

Chapter7
04

規制緩和の光と陰（零細事業者の実態）

経営の厳しい貨物自動車運送事業者

貨物自動車運送事業者の経営は厳しく、ドライバーの待遇も全産業平均より低いものとなっています。ここでは、その実態と今後に向けた考え方について取り上げます。

約半数の事業者は赤字経営

全日本トラック協会の経営分析報告書（2020年版）によると、会員企業の2018年度の営業利益率は平均でマイナス0.1％、赤字企業の割合は約46％という実態です。貨物自動車運送事業者の車両規模別の営業利益率は、10台以下がマイナス1.2％、101台以上が0.8％となっており、零細事業者ほど赤字に陥っていることがわかります。

企業業績のこのような状況が影響し、ドライバーの年間所得額は全産業平均と比較して、大型トラックドライバーで約1割低く、中小型トラックドライバーで約2割低くなっています。逆に、年間労働時間は全産業平均と比較して、大型・中小型トラックドライバーとも約2割長くなっています。

労働条件が影響し解消されないドライバー不足

このような労働条件が影響し、ドライバー職の有効求人倍率は常に全産業平均を倍近く上回り、新規採用するのが難しい職種の一つとなっています。

鉄道貨物協会によると、ドライバーの不足数は2025年に20万人を超え、2028年に28万人まで拡大すると予測されています。そして、2028年以降もドライバー不足には歯止めがかからないとも分析されています。

現在、国土交通省や厚生労働省を中心に、ドライバーの労働条件の改善につながる諸施策を推進していますが、課題解決のためにはドライバー職が魅力あるものに変わることが必要です。物流は社会基盤であり、企業にとって生命線ですから、この課題解決に社会全体で取り組むことが求められています。

ドライバーの労働条件の改善につながる諸施策
トラックドライバー不足の大きな要因の一つに、労働時間の長さや作業負荷の重さがあり、出荷元や納品先での待ち時間の削減や積卸しの肉体的負担を軽減し、女性や高齢者にとっても働きやすい労働環境を実現するため、国土交通省など関係省庁が推進。

180

トラックドライバーの所得額と労働時間の推移

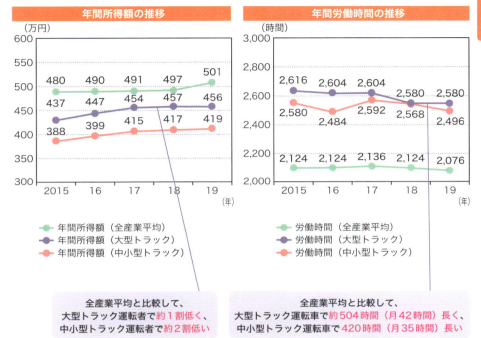

出典：厚生労働省「賃金構造基本統計調査」

ドライバー不足の予測（千人）

分野	2017年度	2020年度	2025年度	2028年度
需要量	1,091	1,127	1,154	1,175
供給量	987	983	946	896
不足	△103	△144	△208	△278

出典：鉄道貨物協会

第7章 労働環境改善に向けた取組み

Chapter7 05

物流に関連する法改正

労働環境の改善に向けた法改正と施策

物流業界の労働力不足は深刻ですが、物流を止めるわけにはいきません。そのため、労働環境の改善に向けた法改正が進められています。物流の安定稼働が妨げられることがないようにさまざまな施策が実施されています。

物流業界の労働環境の現状

物流業界の人手不足は深刻です。就業者数で見ると、全産業平均と比べて高齢者が多く、若年者が少ない状況です。またトラックドライバーの有効求人倍率も平均より高く、人手が少ないため、今後ますます労働力不足が懸念されます。

その対策として、働き方改革関連法の施行、ホワイト物流推進運動への取り組み、荷主勧告制度の見直し、標準貨物自動車運送約款の改正、標準運賃表の告示などが行われています。

法改正による労働環境への対策

2017年11月の標準貨物自動車運送約款の改正では、運送の対価である運賃と運送以外の業務などの対価である料金の区別の明確化、「待機時間料」の規定などが行われました。

2018年4月には、貨物自動車運送事業法の一部を改正し、荷主の理解と協力のもと、さまざまな施策を推進できるように整備されました。その一つとして、2020年4月に運賃改定の参考となる標準運賃表の告示（2023年までの時限措置）が行われました。この運賃は、トラック事業の効率的な運営のもとにおける適正な原価に、適正な利潤を加えたものが基準となっています。原価算定には、ドライバーの賃金を全産業の標準的水準まで上げることと、コンプライアンスを確保できることが前提となっています。

また、国土交通省では、「2以上の者の連携」による流通業務の省力化と、物資の流通に伴う環境負荷の低減を図るため、流通業務の総合化および効率化の促進に関する法律（物流総合効率化法）により、事業者の支援を行っています。これは、物流業界における労働力不足や、荷主や消費者のニーズの高度化・多様化に

標準貨物自動車運送約款
国土交通省が制定するトラック事業者と荷主の契約書のひな形。運送事業者は、貨物自動車運送約款を定め、文書化し、利用者に明示する義務があるが、多くの事業者は標準貨物自動車運送約款をそのまま使用している。

待機時間料
荷主都合による荷待ち時間の対価のこと。標準貨物自動車運送約款改正時に料金として収受する項目として明示された。

コンプライアンス
法令順守のこと。社会的規範や企業倫理などを守ることを含む考え方もある。物流では、関係する法令が多く、重要。

2以上の者の連携
資本関係の有無を問わない法人格が別の者と連携すること。

物流総合効率化法
流通業務（輸送、保管、荷さばき、流通加工）の効率化をはかる事業に対する計画の認定や支援措置などを定めた法律。

182

▶ 標準貨物自動車運送約款の改定

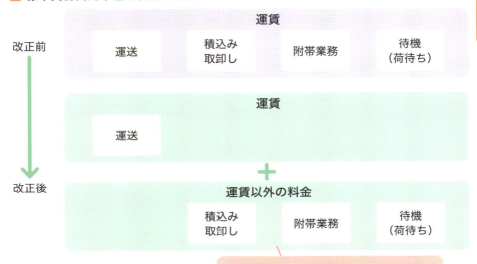

▶ 物流業務に関するさまざまな施策

施策	ねらい	概要
標準貨物運送約款の改正	適正運賃および料金の収受を推進する	運送の対価としての「運賃」と運送以外の役務などの対価としての「料金」を明確に区別
貨物自動車運送事業法改正	トラックドライバーの働き方改革とコンプライアンスの確保	・規制の適正化 ・事業者が遵守できる事項の明確化 ・荷主対策の深度化 　→荷主勧告制度（既存）の強化 ・国土交通大臣による荷主への働き掛け ・標準的な運賃の公示制度の導入 　→標準運賃告示
物流総合効率化法	物流分野における労働力不足や荷主や消費者ニーズの高度化／多様化による多頻度小口輸送の進展などに対応するため	輸送の合理化により、流通業務の効率化を図る事業に対する計画の認定や支援措置などを行う ・輸送網の集約 ・モーダルシフト ・輸配送の共同化　など

よる多頻度小口輸送の進展などに対応するためです。このように、労働力不足により物流の安定稼働が妨げられることがないように施策が進められています。

Chapter7
06

荷主勧告制度とは
荷主勧告制度は労働環境改善のための制度

トラック運送事業者の法令違反が荷主側に起因するものであるとき、荷主に勧告を行う制度があります。この制度により、物流事業者における働き方改革や法令順守の取組みが進められています。

違反行為を防ぐ荷主への勧告制度

荷主勧告とは、貨物自動車運送事業法第64条に基づき、トラック運送事業者の過積載運行や過労運転防止措置義務違反などの違反行為に対し、違反行為が主に荷主側の行為に起因すると認められるときは、国土交通大臣が荷主に対して違反行為の再発防止のための適当な措置をとるべき勧告を行うことです。

具体的には、運送事業者の違反行為である「ドライバーの労働時間のルール（**改善基準告示**）違反」（過労運転防止措置義務違反）、「道路法（車両制限令）違反」（車両の総重量や**軸重**などの一般的制限値または許可値を超える車両の運行）、「道路交通法違反」（過積載運行や速度超過など）に対し、荷主の関与が判明すると荷主名が公表されるというものです。

待機時間の恒常的な発生はドライバーの労働時間のルールを超えた過労運転につながり、非合理な到着時刻の設定は最高速度違反を招くおそれがあります。また、積込み直前に貨物量を増やすような指示は、過積載運行を招くおそれがあります。

働き方改革や法令順守に向けた取組み

トラック運送事業ではドライバー不足が深刻化しており、ドライバーの長時間労働の是正などの**働き方改革**を進め、コンプライアンスを確保できるようにする必要があります。荷主勧告制度は荷主の理解や協力のもとで、働き方改革や法令遵守などを進められるようにするための取組みの一つです。荷主には、発荷主だけではなく、着荷主や元請物流事業者も含まれます。これは、適正な物流環境の整備や法令遵守などのためには、物流に関するプレイヤーすべてが協力しなければならないことを意味しています。

改善基準告示
自動車運転者の労働時間などの改善のための基準（厚生労働大臣告示）。自動車運転者の労働時間などの労働条件の向上を図るため、拘束時間や休息時間などの基準を定めている。

軸重
車の重量が、おのおのの車軸にかかる荷重のこと。軸重の最大値は、原則10トン以下とされている。

働き方改革
働き方改革関連法のことで、正式には「働き方改革を推進するための関係法律の整備に関する法律」。労働者がそれぞれの事情に応じた多様な働き方を選択できる社会を実現する「働き方改革」を総合的に推進するため、長時間労働の是正、多様で柔軟な働き方の実現、雇用形態に関わらない公正な待遇の確保などの措置を講ずる内容。

▶ 主なドライバーの労働時間のルール

拘束時間
（始業から終業までの時間）

1日
原則13時間
最大16時間
（15時間超えは週2回以内）

1か月
293時間以内

休息時間
（勤務と次の勤務の間の自由な時間）

継続して8時間以上

運転時間

1日あたり
2日平均で9時間

1週間あたり
2週間平均で44時間

連続運転時間

4時間以内

▶ 荷主勧告制度の概要

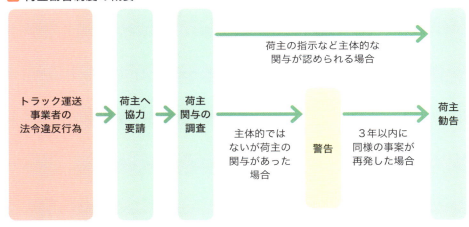

第7章 労働環境改善に向けた取組み

Chapter7 07

働き方改革とホワイト物流

働きやすい環境「ホワイト物流」を目指す

ホワイト物流を実現するには、物流事業者の活動だけでは不可能です。荷主企業の協力と、さらには納品先の協力も必要です。年齢や性別を問わず、誰でも働ける環境の実現が目指されています。

物流事業者と荷主企業の協力で物流を改善

少子高齢化に伴う生産年齢人口の減少に対応する生産性向上とともに、育児や介護との両立など、働き方の多様化が進んでおり、そのための労働環境の整備が課題となっています。そして、この課題解決に向け、多様な働き方を選択できる社会の実現を目指すことが「働き方改革」です。

これを受け、物流業界では「ホワイト物流」推進運動が2019年からスタートしました。これは、物流事業者と荷主企業が相互に協力して物流を改善していく運動です。

深刻化が続くドライバー不足に対し、産業や社会の重要なインフラである物流の安定化を図り、経済成長に寄与するためには、労働環境を改善する必要があります。

そのため、待機時間の短縮や、短時間で荷役できるパレットの活用、夜間や早朝の積込みの見直しなど、商習慣そのものを見直す動きが進められています。これにより、トラック輸送の生産性が向上し、労働時間の短縮と賃金向上が図れれば、零細事業者の多いトラック運送事業者の収支も改善につながります。

ホワイトな労働環境の実現

また、女性や60歳以上の人にとっても働きやすい「ホワイト」な労働環境が実現すると、ドライバーを志す人が増え、社会基盤としての物流が持続し、発展していくことにつながります。

このようなホワイト物流の推進に向けては、国土交通省、経済産業省、農林水産省がバックアップしていますが、物流事業者だけの活動では実現不可能で積込み待ちや手積みの改善など、荷主企業の協力が必要不可欠です。また、納品先での降ろし待ちの改

「ホワイト物流」推進運動

トラック運転者不足の深刻化に対応し、荷主企業と物流企業が協力して物流を安定的に確保するとともに、経済の成長に役立つことを目的に、「トラック輸送の生産性の向上・物流の効率化」と「女性や60代の運転者なども働きやすい」労働環境の実現に取り組む運動。

「ホワイト」な労働環境

労働基準法など法令順守は当然のこと、ワークライフバランスやダイバーシティが認識され、柔軟な働き方が可能な労働環境のこと。

186

▶ 荷待ちや荷役が長時間労働の一因

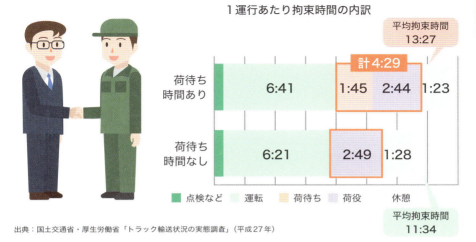

出典：国土交通省・厚生労働省「トラック輸送状況の実態調査」（平成27年）

▶ 荷主企業と物流事業者の協力で改善できる課題例

課題
手作業での大量の貨物の積降ろし

10トン車にレタスのバラ積み1,200ケース分のダンボールを手積み・手降ろしする作業が、労働者の重労働に

方策
パレットの活用

パレットを使用するよう、物流事業者と発注主・着荷主が調整。パレットの活用により、手作業からフォークリフトによる荷役作業となった

成果
荷役時間が大幅に短縮し、リードタイムも短縮した

荷役時間が大幅に短縮し、リードタイムも短縮した。また、全体的なリードタイムの短縮も実現

善などは荷主企業の納品先の協力も必要となります。これは、荷主企業にとっても事業活動に必要な物流が安定的に確保されることにつながるため、理解と協力が必要です。

COLUMN 7

企業における物流の組織
経営の視点から物流をとらえる

組織を定義すると、企業体、学校、労働組合などのように、二人以上の人々が共通の目標達成を目指しながら分化した役割を担い、統一的な意志のもとに継続している協働行為の体系（世界大百科事典より）となります。

簡単にいえば、特定の目的を達成するために、専門的な役割を持った部門で構成されている集合体、といえます。

これを物流で考えた場合、特定の目的とは、「日々業務を問題なく運営すること」「管理し効率化を実践すること」「戦略の構築」であり、これらはすべてPDCAでつながっています。

世の中には二種類の組織があります。このPDCAがきちんとまわせる組織と、まわせない組織です。まわせる組織とまわせない組織とでは、組織構造が異なっているはずです。したがって、物流の組織を見れば、その会社の物流に対する重要性の認識度合いが見えてきます。

たとえば、日々を乗り切ることだけが目的であるなら、その会社の物流組織に企画部門は不要ですし、品質とコストの管理だけが目的なら、物流を設計する部門は不要です。しかしながら、物流は重要な経営戦略であり、その実践のためにはそれに適応する組織体制が必要となります。

一部先進企業では、CLO（Chief Logistics Officer）を設置し、サプライチェーンをコントロールしています。

物流が企業の競争力に大きく影響を及ぼす現在、経営の視点から物流をとらえるためには、調達・製造・販売をサプライチェーンとしてとらえなければいけません。

営業組織や製造組織の指示に従うだけの物流組織では、サプライチェーンマネジメントができないどころか物流の効率化さえ難しくなります。

互いの組織の苦労を知ったうえで、会社としての全体最適を作成し実行していく必要があります。また、最適解によっては製造部隊や販売部隊にとって非効率なものもあるかもしれません。しかし、それが実行できるかどうかは、経営トップの意志決定次第です。

第 **8** 章

物流の現状の課題と
将来の展望

これまで見てきたように、日本の物流サービスは海外
と比べてもトップレベルです。最後の章では、そんな
日本の物流業界が抱える大きな課題と今後の展望につ
いて解説します。

Chapter8 01

物流ニーズの変化

産業構造の変化により
物流ニーズが高度化

戦後の高度経済成長やグローバル化により、日本の産業構造は大きく変化しました。それに伴い、物流へのニーズも高度化し、世界でもサービスレベルはトップクラスですが、その反面、生産性の低下を招いています。

産業構造の移り変わり

第二次世界大戦後の高度経済成長により、農業・漁業などの第一次産業の就労者数が激減し、鉱工業・建設などの第二次産業、サービス業などの第三次産業の就労者数が急増しました。平成・令和の時代に入り、第三次産業の割合はますます増加し、全就労者数の70％を超えています。

このように産業構造は大きく変化してきましたが、それはあくまで物理的な変化であり、今後はAI（第6章参照）やRPA（P.74）などの新技術が広まるにつれ、働き方そのものが大きく変化することが予想されます。多くの業務が新技術に置きかえられ、事務所や現場を問わずに大きな変革が訪れることが予想されます。

人が運ぶサービスへのニーズの高度化

物流業務もまた、変革の例外ではありません。人間の労働力に依存する労働集約型産業から装置産業へと転換していくことが予想されます。しかしながら、輸配送については、ドローンや自動運転などの技術が研究されているとはいえ、簡単には変革できない領域です。

その反面、物流へのニーズの高度化はとどまることを知らず、ある通販では受注後1時間で自宅に届けるというサービスも開始されています。一方、指定時間に配送しても留守のために再配送となる割合も16％近くにのぼり、その労力は7万人のドライバーに相当するといわれています。

私たちにとって便利さは、一度知れば常態化し、もっと早く、もっと便利にと、そのニーズに終わりはありません。日本の労働生産性はG7諸国のうち最下位で、トップであるアメリカの65％

アメリカの65％
OECDデータに基づき経済産業省が作成した「時間当たり実質労働生産性の対米国比較水準（2017年）」によると、購買力平価ベースでトップのアメリカを100とし、ドイツ94、フランス93、カナダ78、イギリス76、イタリア75、日本65となる。
（出典：経済産業省）

▶ 第三次産業の増加の推移

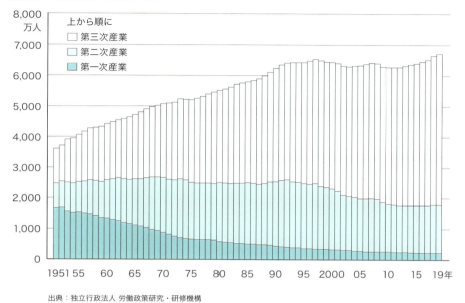

出典：独立行政法人 労働政策研究・研修機構

▶ 宅配便の再配達の労働力

出典：国土交通省資料より試算

しかありません。過剰なサービスは生産性を低下させます。もし、便利さを追求する背景に誰かの苦痛を伴う仕事が存在するなら、そのサービスへのニーズは一度問い直してみる必要があります。

Chapter8 02

日本の物流サービスは世界一

サービスは世界トップレベルだが対価の見直しが必要な日本の物流

日本の物流サービスは世界でもトップレベルといわれていますが、対価の発生していないサービスや過剰ともいえる要求に労力をとられていました。労働環境の改善のためにも物流サービスと対価についての見直しが必要です。

長時間労働の改善を行うための「乗務記録」

日本の物流サービスのきめ細やかなところは世界でトップクラスといってよいでしょう。ただし、サービスの提供には当然、対価が発生します。しかし従来、きめ細かいサービスを行うために対価が必要という認識が十分ではありませんでした。

そのため、たとえば「運賃」は輸送にかかる経費と思われがちですが、実際には、積込みのための「待機」と「積込み」、納品先では、卸しのための「待機」と「取卸し」というように、前後作業が発生している場合が多くあります。そのため、2017年7月1日に貨物自動車運送事業輸送安全規則が改正され、荷主都合30分以上の荷待ちは「乗務記録」の記載対象となり、荷待ち時間も運賃の対価であることが明確化されました。

「乗務記録」の記載対象に掲げた目的は、ドライバーにとって明らかなロスタイムである荷待ち時間を記録することで、トラック運送事業者と荷主との協力による長時間労働の改善を促進することがねらいです。また、国としても、トラック運送事業者やドライバーに対して過度な要求をし、長い荷待ち時間や長時間労働を生じさせている荷主に、勧告などを行う判断材料とすることも目的としています。

サービスと対価の関係の見直し

日本生産性本部によると、日本の運輸・郵便業の生産性はアメリカの41％とされています。これは、日本の物流サービスが対価に反映されないサービスや過剰ともいえる要求に労力をとられてきたためと考えられます。しかし、世界には無償のサービスという考え方はありません。サービスには対価が必要なことを熟知

日本生産性本部
1955（昭和30）年に生産性向上をねらいとして、政府と連携する民間団体として設立された公益財団法人。

192

▶ 荷主都合による荷待ち時間の記録

出典　国土交通省「標準貨物自動車運送約款」などの改正概要

▶ 日本と世界との物流サービスの生産性の比較

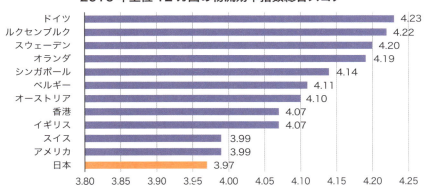

しているからです。日本でも、物流サービスと対価の関係をもう一度考えてみることが必要です。

Chapter8
03

ドライバー不足と高齢化

人口構造の変化と業界の体質により深刻化するドライバー不足

ドライバー不足には、人口構造の変化という背景のほか、1990年代からの規制緩和による過度な競争と、トラック運送事業者の旧来からの体質が影響しています。安定的な物流を欠かさないために、早急な対策が必要です。

業界に影響を与える人口構造の変化

現在、日本の総人口の減少に加え、人口構造の変化により、15～64歳の生産年齢人口（P.166）の減少が進んでいます。

総務省が取りまとめている「国勢調査」の結果によると、1990年の調査では、総人口が1億2,361万人、生産年齢人口が8,590万人でした。これが2018年の調査では、総人口が1億2,644万人、生産年齢人口が7,545万人となり、総人口は283万人増加しましたが、生産年齢人口は1,045万人減少しています。

さらに、2020年に20歳の人が65歳を迎える2065年には、総人口が8,808万人、生産年齢人口が4,529万人になると予測され、1990年と比較すると総人口で約3割減、生産年齢人口で約半減となります。労働集約型産業といわれる物流業には、大きな影響を与えると考えられています。

ドライバー不足の要因

ドライバー不足の要因は生産年齢人口減少以外にもあります。1990年代からの規制緩和による影響です。この規制緩和により、激烈な貨物争奪戦が繰り広げられた結果、荷主側にとっては総額3兆円以上の運賃の削減効果が生まれました。規制緩和による輝かしい光の部分です。しかし、その反面、トラック運送事業者は競合他社に打ち勝つために、安い運賃で、短いリードタイムと時間指定による配送を行うなど、厳しい労働環境となりました。

そして、もう一つの要因は旧来からのトラック運送事業者の体質です。これは、荷主に求められたサービスだけを提供すれば評価されたため、マーケティング機能が弱く、価格設計が不十分というものです。そのため、生産性が悪化し、ドライバーの就業時

1990年代からの規制緩和

従来の道路運送法下においては、トラック事業について事業免許制および需給調整規制がとられるとともに、価格は認可制となっていた。しかし日本経済の成熟化に伴い、トラック事業においても規制改革への取組みが進められ、1990年12月には参入規制の緩和・需給調整規制の撤（事業免許制→許可制）および運賃規制の緩和（認可制→事前届出制）が施行、2003年4月からは運賃規制の緩和（事前届出制→事後届出制）も追加された。その結果、90年以降新規参入が急増、トラック運賃の低下につながった。

15～64歳の生産年齢人口の割合の推移

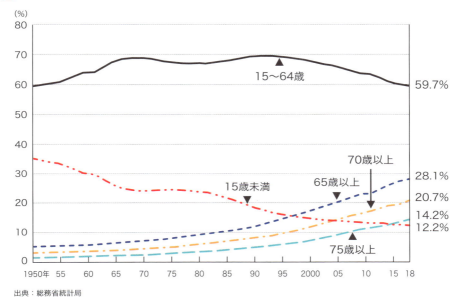

出典：総務省統計局

マーケティング機能と価格政策の重要性

間が超長時間化しました。他産業と比べ、時間あたりの賃金が低いため、若年層の就業が少なく、高齢化も進んでいます。
　このような環境下にあっても、適切なコストで安定的な物流が求められているため、早急な対策が必要とされます。

Chapter8
04

小口多頻度化と積載率の推移

宅配便の小口配送の増加とトラックへの荷積み効率の低下

企業間物流では、いかに物流コストを抑えるかが大きな課題です。そのためには、小口の出荷を少なくすることも必要です。物流コストを考えたモノの売り方を、いま一度考えてみる必要があります。

小口配送が増える20年後の社会

国土交通省の調査によると、宅配便の取扱い個数は、2019年度実績で43億2349万個となり、この10年間で38％増、20年間では83％と急増しています。さらに、宅配便がこのままの勢いで増加すれば、20年後の社会は<mark>超多頻度超小口配送の時代</mark>になると考えられます。

国土交通省道路局によると、20年後の社会では、日常の買い物のための移動が激減するとされています。これは買い物に行かなくても、在宅で注文すれば当日に手元に届くようになるためです。その背景にあるのが、自動運転技術によるドライバー不要の無人物流です。自動運転車や**小型モビリティ**、あるいはドローンなどが配送を行う社会になると予測されています。

小口化でトラック積載効率が40％まで低下

無人物流が行えるようになるには、無人化技術が実用レベルで実現する必要があり、それまでは当然、人によって運ばれることになります。<mark>小口貨物</mark>は効率面から見ると、大口貨物と比較して<mark>ドライバーの負荷が大きくなります。</mark>この10年間の推移を見ると、100kg未満の貨物量が70％から80％へ増加し、1件あたりの出荷量が約25％も小口化しました。その結果、トラックの積載効率は直近で40％まで低下してきました。

これは、小口化により配送件数が増加し、配送、積込み、取卸しに時間がかかるためです。小口化が進むと、配送は量より件数により制約されるため**積載率**は低下します。当然、空きがあっても運賃にならないため、小口化した貨物単価は高くなります。また、宅配便だけではなく、企業間の物流においても在庫を持たな

小型モビリティ
長さ2.5m、幅1.3m、高さ2mを超えない最高速度60km/h以下の超小型軽自動車。
国交省は20年9月、最高速度60km/h以下の小型モビリティが一般公道（高速道路は除く）を自由に走行できる環境を整備するため、道路運送車両法施行規則などを一部改正すると発表。

積載率
輸送効率の指標の一つで、許容積載量に対し実際に積載した貨物量の利用率を指す。積載率の計算式は「積載率（％）＝積載重量÷最大積載重量×100」。積載率は行きと帰りで平均するのが一般的。

196

▶ BtoCのEC市場規模と、物販系EC化率の経年推移（単位：億円）

出典：経済産業省

▶ トラックの積載効率の推移

営業用トラックの積載効率は直近では**約40％まで低下**している。

出典：国土交通省

いように都度発注するため、小口化は進んでいます。企業間においては、行き過ぎた多頻度小口化を見直し、出荷ロットを大きくし、配送回数を少なくすることを、いま一度考えてみる必要があります。

Chapter8 05

生活の変化に対応する物流

生活を豊かにする
通信販売の成長と配送技術の進化

私たちの生活は大変便利になりましたが、それには物流業界も一役買っています。特に物流での冷凍・冷蔵技術などは日々高度化しており、時間と空間のギャップは感じられなくなっています。

即日配達を可能にした最新の物流センター

近年、通信販売やEC（電子商取引）などが成長し続けており、私たちの生活は便利になってきています。昔は、はがき、電話、FAXなどで商品を注文し、その約2〜3週間後に商品が手元に届く、という気長なものでした。最近ではパソコンやスマートフォンなどから手軽に商品を注文でき、早ければ当日、遅くても2日後には商品が手元に届くことが当たり前になっています。

このような便利な通信販売を支えているのが、ITやマテリアルハンドリング機器などを導入した最新物流センターです。ここでは、365日24時間稼働し、利用者の注文に対応しています。また、物流センターだけではなく、配送システムでも、再配達を削減するための配達時間の指定や宅配BOXの設置、コンビニエンスストアとの協業による「商品の店頭受け取り」など、配達効率を向上させる取組みを推進しています。近い将来には、ドローンなどによる無人物流が実現され、離島や山間部などの配達しにくいエリアでも、手軽に配達ができるようになっていくものと推測されます。

食品の鮮度を保つための配送技術

冷凍・冷蔵技術の進歩は、冷凍・冷蔵食品の物流に大きな変革をもたらし、私たちの生活を豊かにしました。私たちは自宅に居ながらにして全国各地の新鮮な特産物を口にすることができます。これは、物流センターや輸配送設備に**3温度帯冷凍・冷蔵技術**を導入し、商品の品質や**トレーサビリティ**などをしっかりと管理できるようになったためです。さらに現在では、温度区分をもっと細かく分類し、鮮魚などは**パーシャル輸送**で鮮度を長期間保った

3温度帯冷凍・冷蔵技術

一般的には、常温・冷凍・冷蔵の温度帯を保つための設備や管理技術のこと。3温度帯物流については、P.94を参照。

トレーサビリティ

物品の流通経路を、生産段階から最終消費段階あるいは廃棄段階まで追跡可能な状態をいう。

パーシャル輸送

JIS規格で−3℃付近と規定されており、半凍結・微凍結状態で輸送すること。肉類や魚介類などの保存に適している。

198

▶ EC物流における商品の受取り方法の様変わり

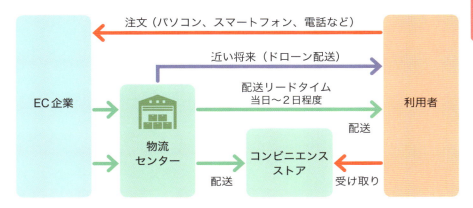

▶ 特産物の配達範囲のイメージ

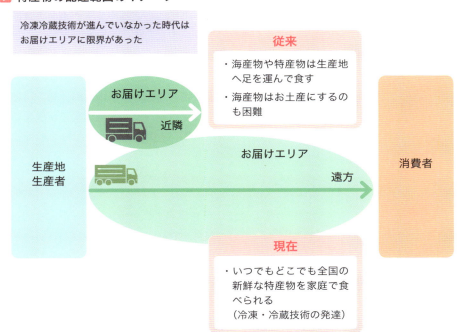

状態で生産地から消費者まで届けることができます。近年の私たちの豊かな食生活は、このような物流技術が支えているのです。

Chapter8
06

現在の最先端物流

物流の遠隔操作などにより
働きやすい環境を実現

労働集約型の物流業界では、ITやAI、IoTなどを活用し、業務のシステム化を図ることが求められます。装置産業化を実現することで、業務の効率化とともに、誰でも働きやすい労働環境を構築することが目指されています。

技術革新による輸配送や倉庫業務の自動化

少子高齢化による物流業界の従業員不足や長時間労働は、将来にわたる大きな問題です。これまでにも述べていますが、労働集約型産業である物流業界は近い将来、労働集約型から装置産業型へ変革していくことを迫られている状況です。

たとえばピッキングロボットでは、商品マスタやカメラ映像などで商品の形状や素材などを解析し、商品を自動でピックアップします。しかも、生身の従業員と異なり、スイッチを切るまでペースを落とさずに作業を行うことも可能です。また、土地勘や輸配送管理の経験などが必要とされる配車業務の自動化や、自動運転による幹線道路での無人長距離輸送など、物流業界が抱える熟練工不足や長時間労働などの問題を装置産業化によって解消できます。

5G技術の実用化による遠隔操作

物流業界の技術革新は目を見張るスピードで変わっています。中国や米国においては、5G遠隔操作の操縦士が地下1000mにあるダンプトラックを事務所で大型画面を見ながら操作したり、数百キロメートル離れた場所のトラックを遠隔で操作し、納品を補完したりと、技術革新は進んでいます。このように複雑な作業でも、事務所からの遠隔操作により、トラックが商品や運搬物を搬送することも可能です。

物流業務は、長年3Kと敬遠されていましたが、これからは誰でも遠隔操作で安全に業務が行える仕事として、近い将来、若者にも人気となる日が訪れるかもしれません。

装置産業型
大規模な投資により、固有の機械設備や大きな設備を有する産業で、工程の大部分がその装置によって処理される。

3K
「きつい」「汚い」「危険」の頭文字をとった言葉で物流業界などを表す言葉。「きつい」「給料が安い」「帰れない」などの「新3K」もある。

200

ドローン宅配のイメージ

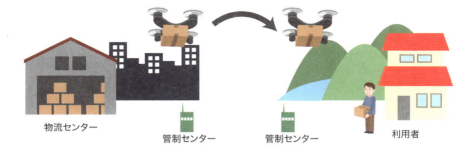

利用者（配送先）に応じて、トラックやドローンなどの輸送手段を選択する。海、川、山間部、都市部など行き来の困難な場所へは管制センターでドローンを管理しながら荷物を配送

車両遠隔操作のイメージ

トラックやダンプカーなどの物流輸配送車両

＜事務所で画面を見ながら遠隔操作＞

出典：国土交通省　～遠隔ドライバー1名が2台の車両を運用する遠隔型自動運転の世界初の公道実証～　資料より

Chapter8
07

今後の物流のあり方

これまでの物流業務から脱却して発展性のあるビジネスを構築

荷主に対して物流戦略を提案し、実行できる物流事業者が求められています。現在では、荷主の物流戦略を実行に移せる企業は一握りのみですが、今後は新たなビジネスモデルを構築することが求められています。

競争優位を実現するための物流戦略

物流業界は、一握りの大手と多くの零細事業者で構成され、従業員300人以下の中小企業が99％を占めています。また、このような業界の特性に加え、輸送や保管といった差別化しにくいサービスの提供が主業務です。そのような理由で、一昔前までは価格競争に陥りがちでしたが、現在では企業活動における物流の重要性が認識され、企業間での競争において競争優位化を実現するための重要な「戦略」として、物流が語られるようになりました。大手コンビニエンスチェーンを例にとると、店舗開発部門が良い場所を見つけても、配送効率を鑑み、物流部門が承認しなければ出店できません。また、大手食品メーカーのカップ麺や大手日用品メーカーの洗剤パッケージ、製品サイズは物流に起因します。

発展する企業となるために必要なこと

荷主の物流戦略を実行に移せるのは、提案力、システム力、運営力に長けた物流企業です。多くの物流企業は、今後の労働力不足やIT化、自動化などに対応していくことができなければ、生き残って行くことが難しい状況にあります。とくに廃業に追い込まれる可能性のある事業者の特徴は、次のようなものです。

・提供サービスは輸送や保管などの単体機能
・荷主の指示に追従したサービス提供
・ドライバーや従業員は長時間勤務が当たり前

逆に、発展していく可能性のある事業者の特徴は、次のようなものです。

・一社単独のオーダーメイドだけではなく、資産の有効活用としての共同化やプラットフォームのサービスを企画、推進

共同化
一社単独の物流に比べ、複数の顧客の物流を共同化することで、物流業務の効率化が図れる。共同化の対象は受発注、輸配送、保管など多岐にわたる。たとえば配送を共同化すれば、積載率向上および配送台数削減によりコストが圧縮されるうえ、渋滞緩和や環境負荷軽減にも有効となる（8-10参照）。

プラットフォーム
システムやサービスの基盤のこと。上記「共同化」でも記した通り、センター機能や配送の効率化・環境負荷削減には、単独企業の取組みより、複数の荷主企業の物流を包括的に取り扱うことでその効果はさらに向上する。それら基盤をプラットフォームと呼ぶ。

▶ 物流戦略の見直し

調達方法
・購買費と輸送費の分離
・「取りに行く」調達

輸配送
・積載効率の向上
・納入条件の緩和
・共同配送

在庫管理
・在庫総量の削減
・在庫の配置バランス
・拠点機能の見直し

荷役方法
・ペーパーレス化
・機械化／自動化

情報システム
・WMS／TMSの高度化
・KPIによる見える化
・SCMとそのコントロール

▶ 先端技術を駆使したビジネスモデルの構築

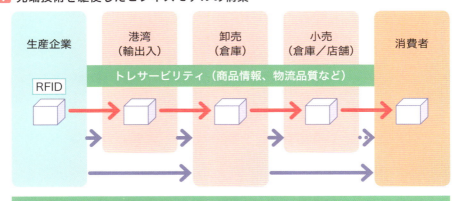

- 全体最適の観点から、運営、管理を含めた一括受託を提案
- 顧客の問題点を分析し、効率化策を積極的に提案
- サプライチェーン全体を俯瞰した内容の提案
- 新たな価値を生む資産としてデータを活用し、AIやロボットの導入を推進

　荷主から選ばれ、生き残るために、物流事業者は今までの考え方を見直すことが必要です。

第8章　物流の現状の課題と将来の展望

Chapter8
08

将来のSCM統合需給管理

複雑な課題を抱える
サプライチェーン・マネジメント

サプライチェーン・マネジメント（SCM）の重要性は指摘されていますが、まだまだ取り組むべき課題があるのが実態です。部門ごとの目指している方向性のバランスをとり、高度化していくことが求められています。

需要に同期した供給の実現を目指すSCM

サプライチェーン・マネジメント（SCM）という言葉は、1980年代初頭にアメリカのコンサルティング会社が用いてから、その重要性が瞬く間に世界中に広まりました。SCMの目的は、生産者から最終消費者までの情報やモノの流れを統合的に管理し、プロセス全体の最適化を実現することです。端的にいえば、需要に同期した供給の実現ということです。

需給管理機能の確立のための課題

SCMの重要性が認識されているものの、取り巻く課題の広範さや複雑さなどから、その需給管理機能を確立するには取り組むべき課題がたくさんあります。

たとえば、同じ企業内でも、部門が違えば目指している方向が異なります。営業部門は「受注締め時刻を遅らせ、品切れしないように潤沢な在庫を保有したい」と考え、生産部門は「できる限り段取替えを少なくし、製造ラインの稼働率を上げて製品ロスを少なくしたい」、物流部門は「余裕のあるリードタイムで作業効率や積載効率を高めたい」など三者三様です。

これに社外の関連企業や海外の関連企業が加わるとさらに複雑になるため、まずは自社内の組織の壁（営業部門、生産部門、物流部門）を取り払うとともに、物流部門は「儲けを生まないコスト部門」という考え方から、「企業経営にとって物流は重要な戦略である」という考え方への意識転換を図ることが必要です。

経営環境は目まぐるしく変化し、複雑化しています。成功を収めていた企業でも、変化に対応したサプライチェーンの再構築と、さらなる変化に対応できる体制の整備が必要不可欠です。そのた

段取替え
品種や工程内容が変わる際に生じる作業のこと。金型やドリルなど治工具の取替え、切削加工や化学装置の調整、部品や部材の切替えなどをいう。
段取替えの煩わしさから、まとめて生産をすると、在庫過多や長期在庫の要因につながる。

将来のサプライチェーン

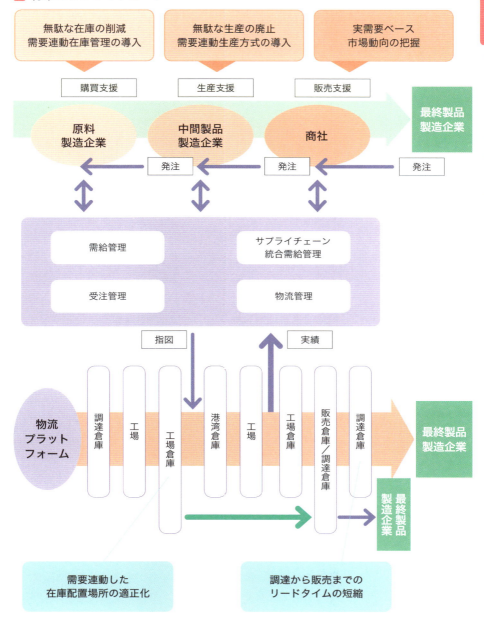

め、SCMは継続的に最適化を実現しなければならない経営課題といえます。

Chapter8
09

将来の物流センター

機械の判断でオペレーションを行う装置型の物流センターへ

これまでの物流センターは「人間を前提」に設計されてきましたが、将来の物流センターは「機械を前提」に設計されるようになります。そのとき、従業員の働き方も変わります。

荷主の個々の要求に応える物流センター

現在の物流センターでは、多くの作業員が現場で作業を行い、事務員が事務所で事務処理業務に追われています。一般的な物流事業者の物流センターでは、複数の荷主と契約を交わし、重量物から軽量物、ケース物からバラ品や長物まで、さまざまな荷姿の物品が扱われています。入出荷形態も、パレット単位のものからケース単位のもの、さらにはケースを開封し、その中にある個装レベルのものまでさまざまあります。物流センターでは、そのような個々の要求に応えるための多くの機能を持ち、多くの荷主を一つのセンターに取り込むことにより、従業員の有効活用や波動性を吸収するなどして、収益を高めるのが現在の標準的な姿です。

しかし、人手不足の深刻化に直面している現在、このような労働集約的な物流センターは、ITと自動化機器の導入なくして存続は困難となっています。

物流センターの変革への対応

これまでの物流センターは、「人間を前提」に設計され、さまざまな荷姿や入出荷特性などを持つ物品でも、人間の繊細な判断に基づいたオペレーションにより取り扱われてきました。

それに対し、将来の物流センターでは、「機械を前提」とした装置型のセンターに様変わりすることが予想されています。同時に、自動化しやすいように物品を分類し、電子部品や化粧品などの分野別の物流センターの設置など、機械化を前提としたビジネスプロセス変革が想定されています。

そのような将来には、そこで働く人の働き方や役割なども変わっていくことが考えられます。オペレーション中心の業務から、

ケース物、バラ品、長物

ケース物とは、ケース単位で出荷され外箱単位で管理できるもの。バラ品とは、ケースをばらして入数単位での出荷となり、その管理や出荷時の梱包も必要となる。長物とは一般的に長さ2mを超えるもので、路線会社によっては集荷拒否される場合がある。

波動性

需要量の増減差のこと。年末や期末など一時的に出荷量が増加することを波動性という。この波動に対応できる倉庫スペースやトラック台数および人員などの体制が必要となる。

ビジネスプロセス変革

今までの仕事のやり方や業務の流れを統合化／一元化することで、抜本的に見直し新たなプロセスに作り変えること。

206

▶ 機械によるオペレーションへのシフト

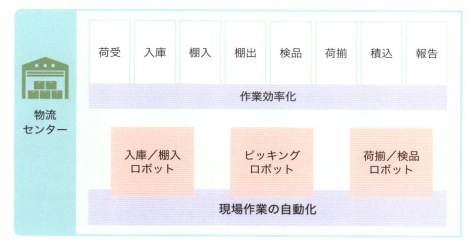

▶ 物流センターの将来像

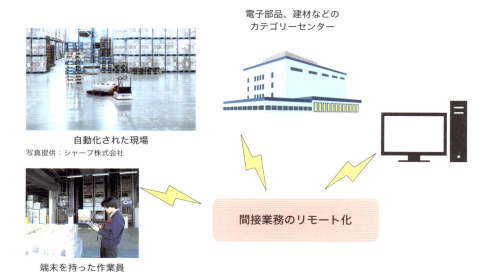

自動化された現場
写真提供：シャープ株式会社

端末を持った作業員
写真提供：株式会社ダイフク

判断や監視などの業務へとシフトすることです。物流では、このような変化への対応力をつけることが求められています。

Chapter8

10

共同化による資産の有効活用

生産性向上を図るための
物流業務の共同化

現在、物流業界では、企業間での物流業務の共同化が注目されています。共同化を行い、成果を上げていくためには、企業間での相互の課題を解決しておくことが必要です。

物流の共同化で効率化とコスト削減を図る

現在、物流業務の共同化が注目されています。一社単独では成し得なかった「生産性の向上」を図るため、営業上は競合している企業同士が、物流で共同化を行うことがあります。物流における共同化の対象としては、「物流拠点の共同化」「輸配送の共同化」などがあります。

物流拠点の共同化は、共同で集配を行うために設ける場合と、在庫も含めた拠点運営そのものを共同で行う場合があります。輸配送の共同化は、さらに「積合せによる巡回集配」や「帰り便の相互利用」などがあります。積合せによる巡回集配の一つであるミルクラン（P.88）は、積合せにより巡回して集貨を行います。その目的は、配送車両の総数を減らすことです。

共同配送の考え方は、A社単独では配車の都合上、低積載のまま配送せざるを得ない車両が発生しますが、B社が加われば、その低積載車にB社の貨物を積み合わせることができ、両社で低積載車を減らすことができるというものです。さらに、同一納品先が多ければ、納品回数を減らすこともでき、納品先にとっても効率化につながります。

共同化に必要な相互の課題の調整

物流の共同化を実施するには、企業間の相互の課題を解消しておくことが必要となります。それは、各企業の前提条件となる配送条件や受注締切時刻などの違いです。これらが整備されていなければ、効果が期待できても実行に移すことができません。共同化を実現するためには、営業を巻き込んだ前提条件の見直しが必須です。また、ある納品先が指定していた着時刻に届かなければ

前提条件
各社が設定している物流サービスレベルのこと。納品時の時間指定や受注の締切時刻など、各社によってその内容は異なる。それが前提となれば共同化の制約となる（たとえば同じ配送エリア内のA納品先とB納品先がともに9時着指定なら、どちらかの指定時間を見直すことが必要）。

208

▶ 拠点を共同活用し、幹線輸送を共同化

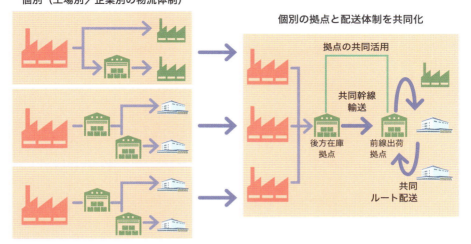

拠点の共同活用により、共同幹線輸送と共同ルート配送を実施。車両の大型化／積載率の向上／車両台数の削減および輸送の総距離短縮による環境負荷の軽減

▶ 地場貸切便の共同化による減車

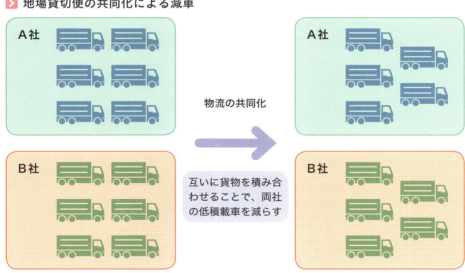

クレームになるのかなど、自社のサービスレベルの見直し機会にもなります。

Chapter8 11 持続可能性のある物流へ
社会や環境に貢献するクリーンな物流の実現

企業は、企業独自の利益だけではなく、社会や環境などに貢献することが求められるようになっています。物流においても、安全、環境、品質、社会貢献、健康などの項目で、業務を見直す動きが見られます。

企業の評価として求められるESGの実現

　企業は、株主だけではなく、ほかの関係者の利益も実現することが求められています。このような企業の果たすべき社会的責任のことをCSR（Corporate Social Responsibility）と呼びます。

　物流企業におけるCSRは、安全、環境、品質、社会貢献、健康などの項目からなり、各企業が力を入れています。CSRは企業の信頼性の構築や競争力の向上という観点でとらえられてきましたが、現在では社会問題を解決するという観点が重視され、ESGが注目されています。

　ESGは、環境（Environment）、社会（Social）、ガバナンス（Governance）の頭文字をとったものです。企業の持続的な成長のためには、ESGが示す3つの観点が必要という考えが世界的に広まってきています。従来の財務情報と合わせ、ESGについて評価し、投資する企業を選別する動きがあり、これをESG投資と呼んでいます。

ガバナンス
日本語で統治や管理といった意味があり、ビジネスの場では、企業内部の管理のことを示すことが多い。企業ガバナンスとも呼ばれる。

ESG投資
財務だけではなく、環境、社会、ガバナンスの要素も考慮して行う投資のこと。国連が2006年にESGの視点を投資に組み入れることなどからなる機関投資家向けの「責任投資原則（PRI）」を提唱している。

持続可能な社会を目指すSDGs

　2015年9月に、国連本部で開催された「国連持続可能な開発サミット」において、193の加盟国の全会一致で「持続可能な開発のための2030アジェンダ」が採択され、SDGs（Sustainable Development Goals）が掲げられました。これは2030年までに世界を挙げて解決する目標で、持続可能な社会をつくることを目指し、世界が抱える問題を17の目標と169のターゲットに整理したものです。今までこのような取組みはコストがかかるものとされ、敬遠されがちでしたが、現在は環境課題や社会課題などに配慮して企業活動を行うことが求められています。

ESG とは

環境 Environment
- 地球温暖化への配慮
- 廃棄物の削減

・省エネルギー車両導入、モーダルシフトなど
・パレットのリサイクルなど

社会 Social
- 労働環境の改善
- 人権擁護

・「ホワイト物流」推進運動
・セクシャルハラスメントなどの撲滅運動

企業統治 Governance
- コンプライアンスの重視
- 情報開示

・コンプライアンス委員会の設置、活動
・ウェブサイトやSNSを活用した広報活動

第8章 物流の現状の課題と将来の展望

SDGs の17の目標

SUSTAINABLE DEVELOPMENT GOALS

※本文の内容は、国連またはその当局者または加盟国の見解を反映したものではありません。
出典：国際連合広報センター（URL=https://www.un.org/sustainabledevelopment/）

Chapter8

12

事業継続計画の重要性

事故や災害などに対応して
事業を継続するためのBCP策定

事業継続計画（BCP）は、企業が災害などの緊急事態に遭遇した場合、事業の継続あるいは早期復旧を図るための計画のことです。さまざまなリスクを評価し、リスク対策の検討から取り組んでいく必要があります。

事業継続のための計画の策定が重要

　毎年のように発生する自然災害は、サプライチェーンを分断し、暮らしや企業に大きな影響を与えています。このような状況において、企業は早期復旧が求められ、そのための事前準備として「事業継続計画」の立案が必要となっています。

　事業継続計画（Business Continuity Plan；BCP）とは、中小企業庁によると、「企業が自然災害、大火災、テロ攻撃などの緊急事態に遭遇した場合において、事業資産の損害を最小限にとどめつつ、中核となる事業の継続あるいは早期復旧を可能とするために、平常時に行うべき活動や緊急時における事業継続のための方法、手段などを取り決めておく計画」と定義付けられています。

　BCPの策定では、そのリスクを洗い出して特定し、評価し、対策を検討する必要があります。自然災害、事故など、情報セキュリティ、法務、不正・内部統制、政治・経済など、多岐にわたるリスクがありますが、なかでもサプライチェーンリスクは、原料の調達から消費者の手元に届くまでの一連のプロセス上のリスクのため、物流においては重要な構成要素となっています。

災害にも強い物流を目指す

　災害が発生したときでもサプライチェーンを維持するためには、荷主と物流事業者それぞれの取組みとともに、連携した取組みが必要です。しかし、日本の物流事業者は中小の事業者が多く、BCPの策定率は高くないのが現実です。また、BCP策定のステップに従って取り組むことは、大きな負荷がかかるため、BCPのステップを進めづらいという側面もあります。

　したがって、BCPを策定する取組みではなくても、リスクを

▶ BCP策定のステップ

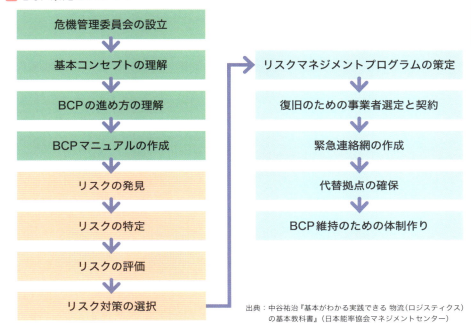

出典：中谷祐治『基本がわかる実践できる 物流（ロジスティクス）の基本教科書』（日本能率協会マネジメントセンター）

▶ 物流業界のBCP策定によるリスク対策の具体例

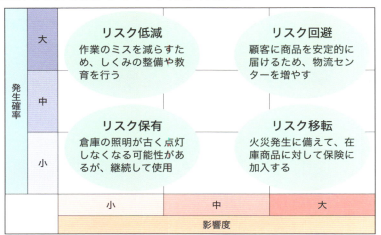

評価し、発生確率が高くて影響度の大きいリスクに対して、リスク対策の検討から進めることが有効です。

Chapter8
13

強い物流へ
社会状況の変化に対応できる 「強い物流」の構築

社会インフラとして必要不可欠な物流を、「強い物流」として安定供給していくためには、物流の生産性の向上が重要です。総合物流施策大綱では「強い物流」の実現に向けた取組みの方向性として6つの視点が示されています。

6つの視点による物流機能の強化

2017年7月に閣議決定された「総合物流施策大綱（2017年度〜2020年度）」において、経済成長と国民生活を継続的に支えるために、生産性を向上させ、効率的でかつ持続的・安定的に機能を発揮する「強い物流」の実現に向け、各府省庁において推進すべき取組みとして、「つながる」「見える」「支える」「備える」「革命的に変化する」「育てる」の6つの視点が示されました。

「つながる」とは、サプライチェーン全体の効率化と価値創造を行い、サプライチェーン自体を高い付加価値を生み出す物流へと変革することです。「見える」とは、物流の透明化と効率化を図り、それを通じて働きやすい労働環境を構築することです。「支える」とは、ストック効果発現などのインフラ機能の強化により、効率的な物流を支えることをいいます。「備える」とは、災害のリスクや地球環境の問題などに対応するサステイナブルな物流の構築です。「革命的に変化する」とは、新技術（AIやIoT、ビッグデータなど）を活用した"物流革命"のことです。「育てる」とは、物流業界で働く人材の確保や育成と、物流への理解を深めるための社会への啓発活動などをいいます。なお、次期物流大綱作成に向けた課題の洗い出しも進められており、「簡素で滑らかな物流」「担い手にやさしい物流」「強くてしなやかな物流」などが挙げられています。

社会状況に対応できる強い物流

これらの6つの視点の基盤となるのは、物流の生産性の向上にあります。物流は、産業競争力の強化、豊かな生活の実現、地方創生などを支える社会インフラであり、決して途切れさせてはな

ストック効果発現
インフラ機能の強化には、短期的に経済を拡大させるフロー効果と、インフラが社会資本として蓄積され機能することで中長期にわたり効果が得られるストック効果（災害リスクの低減、生活環境の改善、移動時間の短縮等による生産性向上など）がある。このストック効果により社会インフラである物流への効果発現が高まる。

サステイナブルな物流
災害などへの対応、環境負荷への軽減、および人口減少による労働力不足への対策など、事業継続に向けたさまざまな取組みを行い、持続可能な物流を目指すこと。

▶ 物流生産性向上の6つの取組み

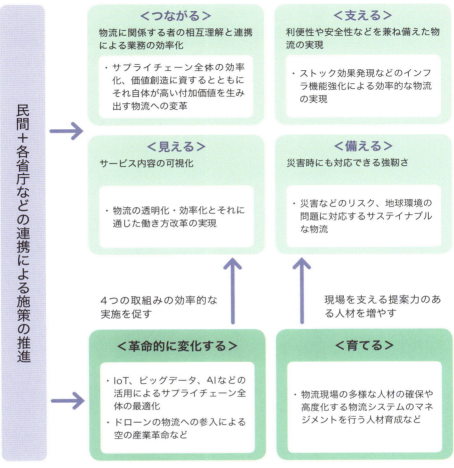

出典：国土交通省

らないものです。
　しかし、社会状況が大きく変化し、今後もますます少子高齢化が進行すると、物流サービスの安定共有が難しくなる危険性もあります。このような社会状況の変化や新たな課題に対応するため、「強い物流」を構築することが求められています。

Chapter8

14

これからの経営の考え方

将来を起点に今すべきことを考えて
環境変化や技術革新を洞察した経営

環境変化や技術革新のスピードが激しい状況において、他社との競争に打ち勝つためにはイノベーションが求められます。そのためには、将来を起点に今すべきことを考え、将来を深く洞察した経営が求められます。

将来から考えてイノベーションを起こす

今後、人口が減少していくと、1人あたりの消費量が増えない限り、市場が縮小していくことになります。これは物流市場も例外ではありません。

現在、大手物流企業はDX（デジタルトランスフォーメーション）を推進しており、物流業界に大きな変革が訪れようとしています。環境変化や技術革新のスピードが激しい現代においては、他社との競争に打ち勝つためのイノベーションが求められます。現在の延長線上で将来を考えるのではなく、将来を始点として、今何をすべきかを考えること、つまり**フォーキャスト**だけではなく、**バックキャスト**を行うことが必要です。

フォーキャスト
未来の予想や予測のこと。現在の延長線上での予測を指す。

バックキャスト
未来のある時点に目標を設定し、そこから振り返って現在すべきことを考える方法。

事業拡大に必須のバックキャスト

バックキャストを行うときは、まず現在の環境から「ありたい姿」を描きます。次に、その「ありたい姿」から少し現在に引き戻した「途中の姿」を考え、現在の延長線上の姿と「途中の姿」とのギャップを把握します。そして、そのギャップをどのように埋めていくかを、あらゆる角度から検証していきます。

たとえば、目標となる未来像を描いたうえで、そこを起点に現在を振り返り、今何をすべきかを考えます。そのためには、環境変化や技術革新の将来像をより深く洞察できていなければいけません。

事業環境では、それまでの「強み」だったきめ細やかなサービスが、逆に共同化の阻害要因となることもあります。生き残る企業とは、強い企業ではなく、そのような環境変化に対応できた企業です。技術革新のスピードが速くなることで、昨日までできな

216

▶ 物流業界でのバックキャストによる考え方

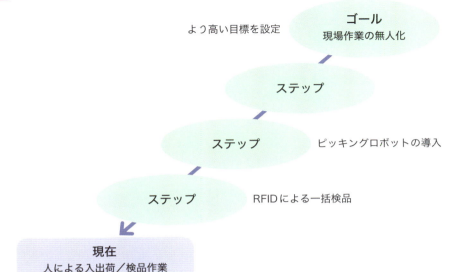

▶ 物流業界のイノベーションの具体例

20世紀初頭
輸送の機械化（高速化、大量化）

1950年代以降
荷役の自動化（荷役機器、自動倉庫）

1980年代以降
管理・処理のシステム化

2020年代以降
物流の装置産業化（物流DXの実装によるトレサービリティ／需要予測／共同化／自動化など、ロスの無い持続可能な物流へ）

かったことが、今日できるようになる可能性があります。そのような環境変化に常にアンテナを張り、現状にこだわらずに将来を洞察できるかどうかが、生き残る企業を分ける重要な要素といえます。

Chapter8
15

物流業界に必要とされる人材

物流業界では全体最適を目指して課題解決を図れる人材が必要

物流は、サプライチェーンをコントロールし、需要と供給を最適に保つ役割を担っています。ロジスティクスは経営そのものであり、その中心に物流があるという認識を持ち、課題解決を図れる人材が必要とされています。

各部門と連携して全体最適を目指す

これまで物流部門は、営業部門や販売部門などの縁の下の力持ちとして、営業や販売部門の要望や依頼に基づいて安全かつ確実に業務を遂行することで評価されてきました。これは、作れば売れた高度成長期に物品を安全・確実に顧客に届けることが求められたためです。

しかし、現在の物流部門はグローバルに広がるサプライチェーンをコントロールし、物品を供給したり、多様化する顧客のニーズに応えたりする必要があり、求められるものが異なっています。

また、企業においては、物流部門が単独で活動するのではなく、生産部門や販売部門などとともにロジスティクスを強化し、サプライチェーン上でも各社と協力して全体最適を目指すことが求められる時代となっています。

このような時代において、ロジスティクスは生産、販売、物流に関連することから経営そのものであり、その中心に物流があるという認識を持つことが重要です。

知識と技能と人間力を備えた人材

環境が大きく変化し技術革新が目覚ましい現代においては、自ら課題を設定し、解決していける人材が求められます。物流業務は幅が広く、すべてを一人で担当することが難しいため、さまざまな人の力を借りて課題解決を図ることが重要です。そのためには、「知識」「技能」「人間力」を磨くことが大切だといわれています。

「知識」とは、課題解決を図るために必要な情報のことです。情報は多いに越したことはありませんが、調べたり教えてもらっ

ロジスティクスにおける物流の位置づけ

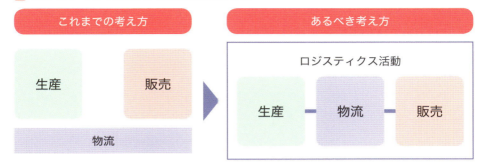

物流業界に求められる3つのスキル

知識

さまざまな知識
- 物流
- 物流情報システム
- 経営
- 課題解決など

情報源
- 調べられる場所
- 教えてもらえる相手
など

技能

解決策を実行する力
- 企画力や課題解決力
- 論理的思考力
- 創造力
- 書類作成力
- プレゼンテーション力
など

人間力

関係者を巻き込む力
- 対人関係力
  （リーダーシップ力、コミュニケーション力）
- 自己制御力
  （規範意識、成功を追求する考え方）など

たりできる場所や相手を知っていることも重要です。「技能」とは、課題解決を実行する力のことです。失敗も含めて多くの経験を積むことが、高度な技能の習得につながります。「人間力」とは、課題解決を進めるうえで、一緒に活動する関係者を巻き込んでいける力のことです。関係者から信頼を得たり、自ら先頭に立ってリーダーシップを発揮したりすることが求められます。このような3要素を備えた人材が必要とされています。

参考文献

『ビジネス・キャリア検定試験標準テキスト「ロジスティクス管理2級」』
苦瀬博仁・梶田ひかる(監修)、中央職業能力開発協会編 (株式会社社会保険研究所)

『ビジネス・キャリア検定試験標準テキスト「ロジスティクス・オペレーション2級」』
苦瀬博仁・坂直登(監修)、中央職業能力開発協会編 (株式会社社会保険研究所)

『ビジネス・キャリア検定試験標準テキスト「ロジスティクス管理3級」』
苦瀬博仁・梶田ひかる(監修)、中央職業能力開発協会編 (株式会社社会保険研究所)

『ビジネス・キャリア検定試験標準テキスト「ロジスティクス・オペレーション3級」』
苦瀬博仁・坂直登(監修)、中央職業能力開発協会編 (株式会社社会保険研究所)

『基本がわかる／実践できる 物流 (ロジスティクス) の基本教科書』
中谷祐治著 (株式会社日本能率協会マネジメントセンター)

『間違いだらけの物流業務委託 』
中谷祐治著 (株式会社日刊工業新聞社)

『図解でわかる 物流の基本としくみ』
ロジ・ソリューション株式会社出版プロジェクト著 (株式会社アニモ出版)

参考 URL

ロジ・ソリューション株式会社Webサイト
http://logi-solu.co.jp/

株式会社日本経済新聞社Webサイト
https://www.nikkei.co.jp/nikkeiinfo/

日本通運株式会社Webサイト
https://www.nittsu.co.jp/

日本通運グループ統合報告書2020
https://pdf.irpocket.com/C9062/iBON/HwEG/Bes1.pdf

日本通運グループ会社案内パンフレット
https://www.nittsu.co.jp/about/pdf/companybrochure-j.pdf?20190709

参考 URL

センコーグループホールディングス株式会社Webサイト
https://www.senkogrouphd.co.jp/

株式会社日立物流Webサイト
https://www.hitachi-transportsystem.com/jp/

株式会社丸和運輸機関Webサイト
https://www.momotaro.co.jp/

ヤマト運輸株式会社Webサイト
https://www.kuronekoyamato.co.jp/

西濃運輸株式会社Webサイト
https://www.seino.co.jp/

株式会社ホームロジスティクスWebサイト
https://www.homelogi.co.jp/

株式会社ニチレイロジグループ本社Webサイト
https://www.nichirei-logi.co.jp/

ニチレイグループ統合レポート2020
https://www.nichirei.co.jp/sites/default/files/inline-images/ir/integrated/pdf/ngir2020_all.pdf

ASKUL LOGIST株式会社Webサイト
https://www.askullogist.co.jp/

アスクル株式会社Webサイト
https://www.askul.co.jp/kaisya/

アスクル株式会社Investors Guide（2020年8月版）
https://www.askul.co.jp/kaisya/ir/pdf/for_investor.pdf

三菱倉庫株式会社Webサイト
https://www.mitsubishi-logistics.co.jp/

ＤＰネットワーク株式会社Webサイト
https://www.dpn.co.jp/

英数字

1990年代からの規制緩和 …………… 194
2025年の崖 ……………………………… 168
3K …………………………………………… 200
3PL ………………………………………… 50,54
3温度帯物流 …………………………… 94
3温度帯冷凍・冷蔵技術 …………… 198
AGV ……………………………………… 144
Auto Store ……………………………… 143
BtoB ……………………………………… 120
Connected Industries ……………… 160
DPネットワーク ……………………… 128
ERP ………………………………………… 28,136
ESG投資 ………………………………… 210
Good Distribution Practice ……… 128
GPS車両位置管理 …………………… 138
IoT …………………………………………… 132,146
JIS ………………………………………… 34
Just In Time生産方式（JIT）……… 88,166
KPI ………………………………………… 78,134
LMS ……………………………………… 134
PDセンター ……………………………… 112
PUDOステーション ………………… 118
REIT ……………………………………… 46
RFID ……………………………………… 97
RORO船 ………………………………… 22
RPA ……………………………………… 74
SDGs ……………………………………… 210
SKU数 …………………………………… 96
Society5.0 ……………………………… 150
SPA ……………………………………… 96
TC1型・TC2型 ………………………… 98
TMS ……………………………………… 138
WMS ……………………………………… 136

あ行

アウトバウンド業務 …………………… 57
アセット ………………………………… 54
安全技術 ………………………………… 152
安全在庫 ………………………………… 42
インバウンド業務 ……………………… 57
オーダーマネジメント ……………… 166
卸売無用論 ……………………………… 95
音声システム …………………………… 140
オンデマンド配送サービス ………… 148

か行

改善基準告示 …………………………… 184
稼働率 …………………………………… 70
貨物自動車運送事業（法）……… 72,176
貨物利用運送事業（法）………… 174,176
通い箱 …………………………………… 89
共同化 …………………………………… 202
共同配送 ………………………………… 70
クレート ………………………………… 102
ケース物 ………………………………… 206
小型モビリティ ………………………… 196
国際通運 ………………………………… 110
コンプライアンス ……………………… 182

さ行

サードパーティ・ロジスティクス … 50,54
先入れ先出し …………………………… 142
サグ部 …………………………………… 152
ささげ業務 ……………………………… 104
サステイナブルな物流 ……………… 214
実車率 …………………………………… 70,138
自動運転技術 …………………………… 152,196
自動認識技術 …………………………… 164
自動搬送機 ……………………………… 144
支払い物流コスト ……………………… 60
受注センター …………………………… 162
出荷指図 ………………………………… 162
賞味期限管理 …………………………… 102
乗務記録 ………………………………… 72,192
シングルオーダーピッキング ……… 104
ストックポイント ……………………… 71,90
スマートストア ………………………… 98
セイノーホールディングス ………… 120
積載率 …………………………………… 70,196
センコーグループホールディングス ‥ 112
総合物流事業者 ………………………… 32
総合物流施策大綱 ……………………… 214
総合物流ソリューション …………… 108
倉庫管理システム …………………… 28,136
倉庫業法 ………………………………… 44,174
装置産業（型）………………………… 164,200
蔵置 ……………………………………… 20

索引

た行

待機時間料	182
宅配便	108,118,176
ダブル連結トラック	120
チャーター輸送	116
中間事業者	14
積付け	20,25
デジタルアソートシステム	140
デジタルタコグラフ	56,138
デジタルトランスフォーメーション	168
鉄道事業法	174
道路運送車両法	152,174,196
道路交通法	152,174,184
道路法	152,174,184
特売物流	102
特別積合せ貨物運送	108,176
ドミナント戦略	100
ドライバーの労働条件の改善につながる諸施策	180
トラック幹線輸送	148
トレーサビリティ	198
トレードオフ	21,42,64
ドローン	148,190,201
トンキロベース	16
トンベース	16
問屋	14

な行

長物	206
日配品	98
荷主勧告制度	72,184
荷主条件	74
荷主の配慮義務	72
荷役	12,24

は行

パーシャル輸送	198
配車計画	138
端数出荷	68
働き方改革	184
波動（性）	42,206
幅運賃制	178
バラ貨物	22
バラ品	206

ハンガー保管・配送	96
ハンドヘルドターミナル	140
日立製作所	114
ピッキング	25
標準貨物自動車運送約款	182
フォワーディング	176
物流2法	178
物流拠点ネットワーク	114
物流子会社	48
物流条件	32
物流センター	44,46,136
物流センターマネジメント	166
物流総合効率化法	182
物流不動産	45
物流プラットフォーム	110
物量波動	154
ブルウィップ効果	38
フルフィルメントサービス	104
フレーゼル博士	68
フレコン	90
「ホワイト物流」推進運動	186

ま行

マテリアルハンドリング（マテハン）	20,24
水屋	176
緑ナンバー	19,176
ミルクラン（方式）	88,208
モーダルシフト	16,23

や行

輸送モード	52
ユニットロード	26
輸配送管理システム	28,138
輸配送に関連した法律	174

ら行

ラストワンマイル配送	116
リードタイム	26
立体自動倉庫	142
流通加工	12,20,26
冷蔵設備能力	124
ロジスティクス4.0	132

著者紹介

ロジ・ソリューション株式会社

藤田浩二・中谷祐治・新立俊之・戸井田修・濱野高益
釜屋大和・真壁由香・南部大志・野尻達郎・三木祥裕

大手総合物流企業のセンコー株式会社から2008年に分社化された物流コンサルティング会社。歴史のある物流企業で長年培ってきたノウハウを生かし、科学的なシミュレーション技法を駆使した「実行するコンサルティング」を展開。現在は、M&Aにおけるビジネスデューデリジェンスや経営戦略策定など、経営コンサル領域へも業務を拡大。

■ 装丁	井上新八
■ 本文デザイン	株式会社エディポック
■ 本文イラスト	株式会社アット イラスト工房、
	関上絵美・晴香
■ 担当	橘浩之
■ 編集／DTP	株式会社エディポック

ず かい そく せんりょく
図解即戦力

ぶつ りゅうぎょう かい
物流業界のしくみとビジネスが
さつ きょう か しょ
これ1冊でしっかりわかる教科書

2021年2月16日　初版　第1刷発行
2022年4月22日　初版　第3刷発行

著　者	ロジ・ソリューション株式会社
発行者	片岡巌
発行所	株式会社技術評論社
	東京都新宿区市谷左内町21-13
	電話　　03-3513-6150　販売促進部
	03-3513-6185　書籍編集部
印刷／製本	株式会社加藤文明社

Ⓒ2021　ロジ・ソリューション株式会社・株式会社エディポック

定価はカバーに表示してあります。
本書の一部または全部を著作権法の定める範囲を超え、無断で複写、複製、転載、テープ化、ファイルに落とすことを禁じます。
造本には細心の注意を払っておりますが、万一、乱丁（ページの乱れ）や落丁（ページの抜け）がございましたら、小社販売促進部までお送りください。送料小社負担にてお取り替えいたします。

ISBN978-4-297-11906-5 C0034　　　　　　　Printed in Japan

◆ お問い合わせについて

・ご質問は本書に記載されている内容に関するもののみに限定させていただきます。本書の内容と関係のないご質問には一切お答えできませんので、あらかじめご了承ください。

・電話でのご質問は一切受け付けておりませんので、FAXまたは書面にて下記問い合わせ先までお送りください。また、ご質問の際には書名と該当ページ、返信先を明記してくださいますようお願いいたします。

・お送りいただいたご質問には、できる限り迅速にお答えできるよう努力いたしておりますが、お答えするまでに時間がかかる場合がございます。また、回答の期日をご指定いただいた場合でも、ご希望にお応えできるとは限りませんので、あらかじめご了承ください。

・ご質問の際に記載された個人情報は、ご質問への回答以外の目的には使用しません。また、回答後は速やかに破棄いたします。

◆ お問い合わせ先

〒162-0846
東京都新宿区市谷左内町21-13
株式会社技術評論社　書籍編集部
「図解即戦力
物流業界のしくみとビジネスが
これ1冊でしっかりわかる教科書」係
FAX：03-3513-6181
技術評論社ホームページ
https://book.gihyo.jp/116